中国情境下商业模式与企业绩效关系研究

THE RELATIONSHIP BETWEEN BUSINESS MODEL AND
ENTERPRISE PERFORMANCE IN CHINA'S CONTEXT

王 旭 ◎ 著

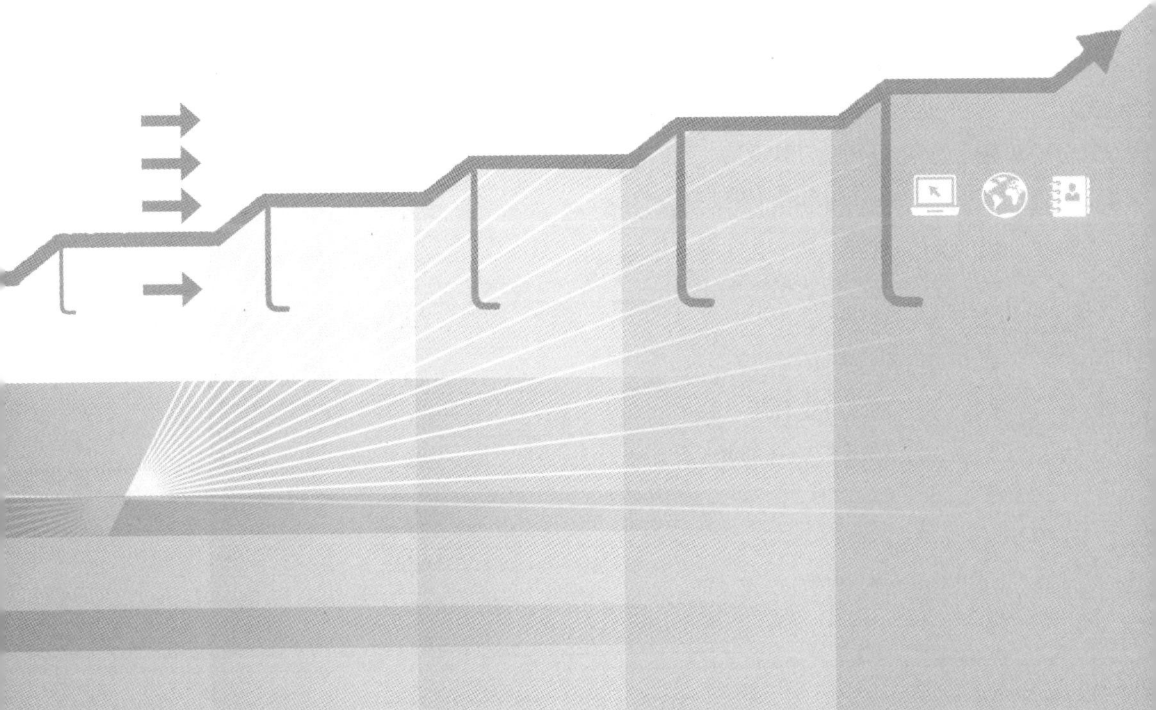

经济管理出版社
ECONOMY & MANAGEMENT PUBLISHING HOUSE

图书在版编目（CIP）数据

中国情境下商业模式与企业绩效关系研究／王旭著. —北京：经济管理出版社，2019.4
ISBN 978-7-5096-6578-7

Ⅰ.①中… Ⅱ.①王… Ⅲ.①商业模式—关系—企业绩效—研究—中国 Ⅳ.①F72
②F279.2

中国版本图书馆 CIP 数据核字（2019）第 088015 号

组稿编辑：赵亚荣
责任编辑：赵亚荣
责任印制：黄章平
责任校对：陈晓霞

出版发行：经济管理出版社
　　　　　（北京市海淀区北蜂窝 8 号中雅大厦 A 座 11 层　100038）
网　　址：www.E-mp.com.cn
电　　话：(010) 51915602
印　　刷：三河市延风印装有限公司
经　　销：新华书店
开　　本：720mm×1000mm /16
印　　张：11.25
字　　数：173 千字
版　　次：2019 年 7 月第 1 版　2019 年 7 月第 1 次印刷
书　　号：ISBN 978-7-5096-6578-7
定　　价：62.00 元

·版权所有　翻印必究·

凡购本社图书，如有印装错误，由本社读者服务部负责调换。
联系地址：北京阜外月坛北小街 2 号
电　话：(010) 68022974　邮编：100836

前言

商业模式被认为是企业获取竞争优势和提升绩效的重要途径，随着商业模式研究的深入，探讨商业模式与企业绩效关系获得了大量的经验证据。然而经验证据大多基于西方情境，其结论对处于供给侧结构性改革和经济转型背景下的中国企业是否适用值得商榷。因此，本书基于中国特定情境，研究商业模式与企业绩效的关系，主要内容如下：

（1）商业模式分类。笔者梳理总结现有商业模式的分类研究，发现现有学者主要基于经验和逻辑推理两种商业模式分类方法，在商业模式分类维度上尚未达成共识，具备理论基础的商业模式分类及实证研究较为缺乏。本书通过整合商业模式分类特征，将现有商业模式分类方法归纳为简单一维型、丰富一维型、多维组合型三种类型。通过分析各类型的特点，指出具备理论基础的商业模式分类及实证研究的必要性；进一步以企业绩效评价为目的，基于商业模式价值创造视角，从"价值创造环节"和"价值提供形式"两维度，提出新的商业模式分类方法，将企业商业模式划分为10种类型。

（2）商业模式与企业绩效。基于本书提出的商业模式分类方法，选取创业板417家上市公司进行商业模式类型划分，通过单因素方差分析和独立样本检验分析研究商业模式类型对企业绩效的不同影响。研究发现，商业模式类型对企业的盈利能力、运营能力、成长能力、偿债能力具有直接的显著影响。进一步地，将商业模式设为虚拟自变量，通过回归分析发现，商业模式类型与企业绩效指标存在线性函数关系，其中对于盈利能力指标的影响最为显著。

(3) 商业模式与中国情境因素。笔者选择政治情境、社会情境、制度情境、地区情境四类情境因素，对企业绩效进行了单因素影响研究，研究发现部分情境因素能够影响企业绩效指标。笔者还研究了企业商业模式与情境因素的相关关系，发现商业模式类型与情境因素存在相关关系，进一步的偏相关分析也表明企业商业模式类型和情境因素（政府补助比例、家族企业）存在显著相关关系；进而对类别型中国情境因素和企业商业模式进行有交互作用的双因素方差分析，分析表明部分情境因素和企业商业模式类型交叉因素会显著影响企业绩效，并对交互作用结果做出了进一步简单效应检验和具体分析。

(4) 情境因素对商业模式与企业绩效关系的调节作用。基于关系推导，笔者提出情境因素调节作用研究假设，通过构建中国情境下商业模式与企业绩效关系研究模型，实证研究了情境因素对商业模式与企业绩效关系的调节作用，发现政府补助、第一大股东持股比例、市场化指数、高校数量、网络普及率作为调节变量对商业模式与企业绩效关系的调节作用显著，并对各情境因素的调节作用机理做出了具体的分析。

目录

❶ 引 言 / 1

1.1 研究背景和意义 / 1
1.2 研究内容与方法 / 2
1.3 主要创新点 / 5

❷ 文献综述 / 6

2.1 商业模式构成要素及分类 / 6
 2.1.1 商业模式的内涵 / 6
 2.1.2 商业模式的构成要素 / 10
 2.1.3 商业模式的分类方法 / 13
2.2 企业绩效评价 / 19
 2.2.1 企业绩效评价方法 / 19
 2.2.2 企业绩效评价指标 / 21
2.3 商业模式与企业绩效关系 / 25
 2.3.1 商业模式直接影响企业绩效 / 25
 2.3.2 商业模式间接影响企业绩效 / 27
2.4 情境构成维度 / 33
 2.4.1 情境的内涵 / 33

2.4.2 情境的构成维度 / 35

2.5 文献评述与小结 / 48

❸ 商业模式分类研究 / 49

3.1 现有商业模式分类研究逻辑及特点 / 49

 3.1.1 简单一维型 / 49

 3.1.2 丰富一维型 / 50

 3.1.3 多维组合型 / 51

3.2 一种新的商业模式分类方法 / 52

 3.2.1 分类标准 / 52

 3.2.2 分类维度选择 / 53

 3.2.3 十种商业模式分类 / 56

3.3 样本选择及商业模式划分 / 58

3.4 本章小结 / 61

❹ 商业模式与企业绩效关系研究 / 62

4.1 商业模式类型与企业绩效关系 / 62

 4.1.1 单因素方差分析 / 64

 4.1.2 独立样本 Kruskal-Wallis 检验 / 65

 4.1.3 多重比较及均值比较分析 / 66

4.2 商业模式与企业绩效关系回归模型 / 72

4.3 商业模式与企业绩效关系研究结论与分析 / 75

 4.3.1 商业模式类型单因素影响 / 75

 4.3.2 商业模式类型回归影响分析 / 81

4.4 本章小结 / 83

❺ 情境因素对商业模式与企业绩效关系调节作用研究 / 85

- 5.1 关系推导与假设 / 85
  - 5.1.1 中国情境因素与企业绩效关系分析 / 86
  - 5.1.2 商业模式与中国情境因素关系分析 / 93
  - 5.1.3 商业模式、中国情境双因素交互作用与企业绩效关系 / 96
  - 5.1.4 研究假设 / 99
- 5.2 模型构建与变量测度 / 101
- 5.3 实证分析与讨论 / 102
  - 5.3.1 政治情境调节效应 / 104
  - 5.3.2 社会情境调节效应 / 111
  - 5.3.3 制度情境调节效应 / 113
  - 5.3.4 地区情境调节效应 / 118
  - 5.3.5 多情境因素综合调节效应 / 131
  - 5.3.6 结果讨论 / 134
- 5.4 本章小结 / 139

❻ 结论 / 142

- 6.1 主要结论与启示 / 142
- 6.2 不足与展望 / 144

参考文献 / 146

后记 / 167

1 引 言

1.1 研究背景和意义

　　企业绩效的影响因素一直是学者和企业经营者的关注点，传统的企业绩效研究集中在要素投入、转换机制等内部因素以及企业所处外部环境等多种要素的影响方面。随着20世纪90年代末互联网的兴起，"商业模式"开始成为一个独立的概念逐渐引起学者的广泛关注，已有研究发现商业模式的差异会对企业的绩效产生不同影响。著名管理学大师德鲁克曾指出，当今企业之间的竞争，不是产品之间的竞争，而是商业模式之间的竞争。尽管有一些现有研究从不同角度检验了商业模式对于企业绩效的影响，但是关于商业模式基于哪些具体路径影响了企业绩效尚未清晰，特别是有关企业的不同商业模式选择与企业绩效关系的实证研究还相对缺乏。

　　另外，商业模式对企业绩效的影响作用在不同环境下是否存在差异？以苹果手机为例，2008年App Store的推出，将苹果的商业模式加以创新性拓展，企业不仅可以靠销售iPhone手机取得硬件收入，还可以通过App Store的付费软件下载的分成获得软件收益，"iPhone+App Store"的商业模式使苹果公司营收得到高速增长，且一度成为全球市值最高的公司。然而苹果模式在中国市场具有不同的特点，在2012年移动互联网创新大会上发布的数据显示：中国App下载收入只有0.03美元，是美国用户的1/10，远低于苹果在全球0.19美元的平均指标。这一现象正是中国特殊的情境所致——收入水平和消费习惯的差异，使中国软件使用者付费意愿不强，习惯使用免费产品。近年来，随着中国移动互联网的飞速发展，中国的情境也在发生变化，2016 年，企鹅智库调研显示已经有 55.3%的网民对网络知识进行了付费消费。喜马拉雅、钛媒体等知识付费平台上百万的用户和过亿的收入都在表明中国消费者的消费习惯发生了重大变化。

在学术领域，将中国情境因素纳入商业模式影响的研究范畴的分析较少，探讨企业情境因素对企业商业模式的选择、商业模式的作用机制影响，以及企业商业模式和所处情境因素之间交互作用对企业绩效的影响的研究也相对缺乏。因此，本书在探讨商业模式与企业绩效关系的基础上纳入中国情境化因素，研究意义体现在如下两个层面：

（1）在理论层面上，对于深入探究商业模式的本质及作用机制具有重要意义。基于商业模式分类视角，研究不同类别的商业模式对企业绩效的影响，是对现有商业模式内涵及分类研究的深入，是对商业模式与企业绩效关系研究内容的丰富。此外，对于深入研究企业绩效的影响因素，特别是商业模式、情境因素以及两者的交互作用对企业绩效的影响具有重要意义。商业模式和情境因素分别从企业的内部系统和外部系统影响企业绩效，这种影响作用具有多元性、交互性、动态性的特点，通过实证分析可以对这种影响关系提供理论依据，有利于丰富相关的理论研究，为后续研究奠定基础。

（2）在实践层面上，为企业管理者进行商业模式设计以及政府部门改善企业外部环境以期提高企业绩效提供重要借鉴。我国的文化传统、地区差异、制度政策、行业特点等因素共同形成的独特情境，会导致我国企业经营、商业模式选择等要素之间的作用关系具有其特殊性，在中国特定情境下探讨商业模式对企业绩效的影响路径和机制，可以检验西方企业实践规律在中国的适用性，为我国企业管理者和管理部门提供参考。

1.2 研究内容与方法

本书基于中国情境视角对不同类型商业模式与企业绩效关系进行研究，主要研究内容如下：

（1）商业模式分类研究。通过分析已有文献，在深入理解商业模式本质内涵的基础上，以研究企业绩效差异为目的，提出一种适用的商业模式分类方法，为后续研究提供依据。

（2）商业模式与企业绩效关系研究。根据本书提出的商业模式分类方法，对创业板上市公司进行商业模式类型划分，选择盈利能力、经营能力、成长能力、偿债能力等企业绩效指标，采用单因素方差分析、独立样本检验、多重比较、回归分析等实证分析方法，研究不同类别的商业模式对企业各绩效指标的影响差异和作用机制。

（3）商业模式与中国情境因素研究。对中国企业所处情境进行深入分析，提出影响商业模式、企业绩效的具体情境因素，通过单因素方差分析、独立样本检验研究政治情境、社会情境、制度情境、地区情境因素对企业绩效的影响效果和作用机制；研究企业商业模式与情境因素的相关关系；对中国情境因素和企业商业模式类型进行有交互作用的双因素方差分析和简单效应检验，探究类别型情境因素和企业商业模式交叉因素对企业绩效的影响。

（4）情境因素对商业模式与企业绩效关系的调节作用研究。基于关系推导，提出情境因素调节作用研究假设，通过构建中国情境下商业模式与企业绩效关系研究模型，采用层次回归分析研究情境因素对商业模式与企业绩效关系的调节作用。

根据上述研究内容，本书所采用的研究技术路线如图1-1所示。

本书主要运用了以下研究方法：

（1）文献研究。本书在商业模式、情境因素、企业绩效的研究领域内，通过阅读和梳理大量国内外文献，总结并归纳了国内外学者关于以上内容的研究成果，其中包括：商业模式的概念、内涵、分类；情境的概念、要素及在企业管理领域的应用；商业模式、情境因素和企业绩效的关系研究。通过文献研究，确定了本书对商业模式分类与企业绩效影响研究的理论依据，奠定了基于中国情境因素的研究视角，构建出商业模式类型、中国情境因素和企业绩效的整体研究框架。

（2）规范研究。对商业模式概念的发展、有关商业模式分类的理论和实证研究进行深入分析，从而基于商业模式本质内涵，提出一种新的商业模式分类方法，并根据此分类方法对样本企业进行商业模式类别划分；对情境及

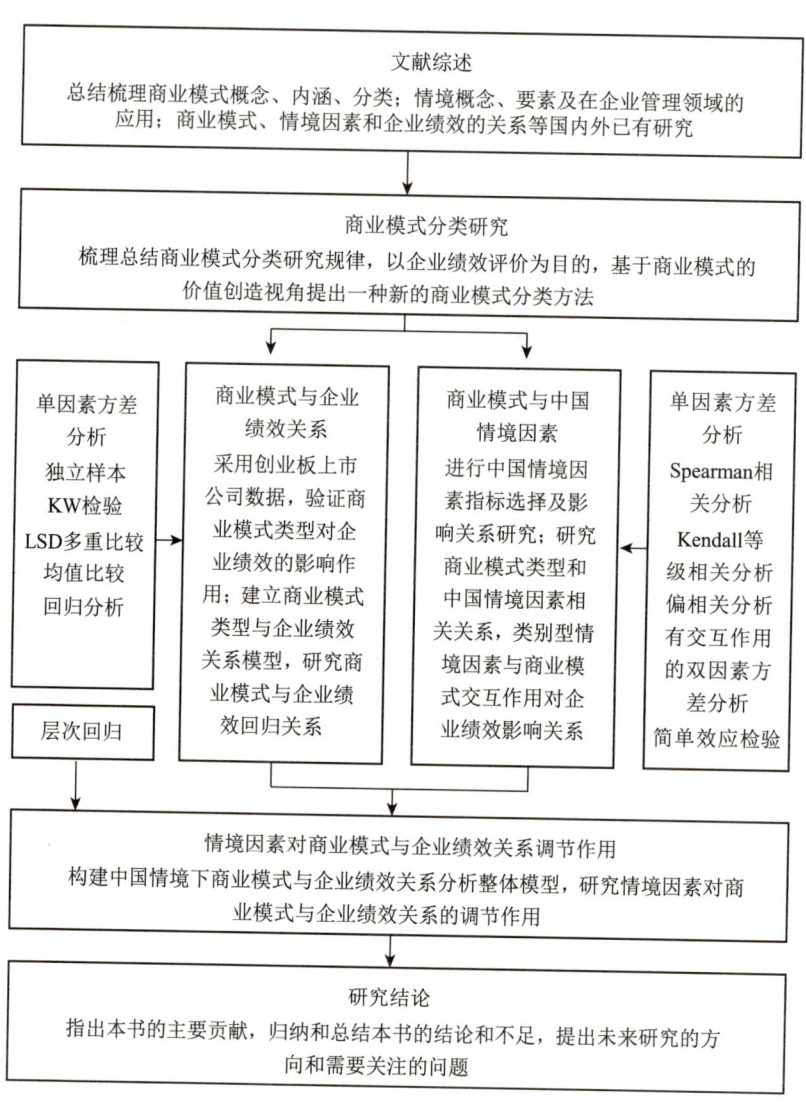

图1-1 研究技术路线

相关概念进行解析，结合中国情境特点，选择出具有代表性的中国情境因素及相关指标，对其影响作用和作用机制进行分析。

（3）实证研究。通过创业板上市公司公开信息及数据、《中国统计年鉴》、行业统计信息等数据，采用单因素方差分析、KW检验、多重比较分析、双因素方差分析、简单效应检验、相关分析、回归分析、调节作用检验等方法，实证研究了商业模式类型、中国情境因素、企业绩效所构成的整体研究框架内各因素之间的相互作用关系。

1.3　主要创新点

基于商业模式—中国情境—企业绩效的理论框架及实证分析，本书主要包含了如下三个创新点：

（1）在研究商业模式本质特征，梳理商业模式分类研究规律基础上，以企业绩效评价为目标，基于商业模式的价值创造（Value Creation）视角，从"价值创造环节"和"价值提供形式"两个维度，提出了一种新的商业模式分类方法，将企业商业模式分为 10 种类型。

（2）实证分析发现不同商业模式类型企业的绩效指标存在显著差异，验证了分类方法的有效性；建立了商业模式与企业绩效关系回归模型，实证研究发现，商业模式类型与企业绩效指标存在线性函数关系。

（3）将情境因素引入企业商业模式的研究范畴，选取影响企业商业模式及绩效的中国情境因素及相关指标，建立了基于中国情境的商业模式类型和企业绩效关系的系统模型，提出具体情境因素对商业模式与企业绩效关系调节作用研究假设，实证分析验证了情境因素是商业模式与企业绩效之间影响作用的调节变量。

2 文献综述

2.1 商业模式构成要素及分类

商业模式（Business Model）的概念最早出现于 20 世纪 50 年代，在 20 世纪 90 年代随着网络经济的兴起受到企业界和学术界的广泛关注，并逐渐成为一个独立的研究领域。随着研究的不断发展，商业模式的内涵也从网络经济扩展到了企业管理领域的更广阔范围。

商业模式是一个发展中的理论体系，由于研究者的目的、对象、视角、背景各不相同，所以商业模式研究领域的很多内容没有达成广泛的共识，但国内外学术界在商业模式的概念定义、构成要素、分类、创新、评价等方面取得了大量的研究成果。本章基于国内外有关商业模式研究的文献和总结，主要从商业模式的内涵、构成要素、分类方法三个方面对商业模式研究取得的成果进行梳理。

2.1.1 商业模式的内涵

沃顿商学院的 Zott 和 Amit 教授在 2011 年研究了 103 篇有关商业模式概念的学术文献，发现有 37% 的研究没有给出商业模式的具体定义，有 44% 的研究以列举商业模式构成要素的方式给出了定义，剩下的 19% 参考了其他人的定义。具体地，按年代顺序的提出，商业模式被称为一个陈述（Statement）（Stewart & Zhao, 2000）、一个描述（Description）（Applegate, 2000; Weill & Vitale, 2001）、一个结构模板（Structural Template）（Amit &

Zott，2001）、一个方法（Method）（Afuah & Tucci，2001）、一个体系结构（Architecture）（Dubosson-Torbay，Osterwalder & Pigneur，2002；Timmers，1998）、一个架构（Framework）（Afuah，2004）、一个表示（Representation）（Morris，Schindehutte & Allen，2005；Shafer，Smith & Linder，2005）、一个模式（Pattern）（Brousseau & Penard，2006）、一个集合（Set）（Seelos & Mair，2007）、一个概念工具或是模型（a Conceptual Tool or Model）（George & Bock，2009；Osterwalder，2004；Osterwalder，Pigneur & Tucci，2005）。据统计，迄今为止已出现100余种商业模式定义。产生"概念丛林"现象的原因，一方面是由于商业模式作为一个逐渐独立的研究概念，"年轻且分散"（Zott & Amit，2011）；另一方面在于商业模式是一个多元化的概念，本身涉及的内涵十分广泛。因此，基于研究者研究目的、视角、应用等的差异，便产生了研究者对商业模式概念的不同认知，提出了诸多不同的商业模式定义。表2-1是学界较多引用的、具有代表性的有关商业模式的定义。

表 2-1 商业模式定义代表性研究

学者	商业模式定义
Timmers （1998，1999）	商业模式是一个复合概念，可以从三个方面来描述：其一，产品、服务和信息流的体系结构的描述；其二，商业活动参与者潜在利益的描述；其三，收入来源的描述
Mahadevan （2000）	商业模式是企业与合作伙伴及买方之间的三种流的组合，三种流是价值流（Value Stream）、收益流（Revenue Stream）、物流（Logistic Stream）
Linder 和 Cantrell （2000）	商业模式是组织创造价值的核心逻辑
Afuah 和 Tucci （2000，2003）	商业模式是企业构建并使用其资源和能力为客户创造价值并从中获利的方法
Ammit 和 Zott （2001，2008，2010）	商业模式是在利用商业机会的过程中，为了创造和获取价值而设计的交易活动的组合方式，包括交易内容、交易结构、交易管理以及交易成本等要素
Applegate （2001）	商业模式是复杂商业的描述，通过商业模式能够研究商业的结构和各结构性元素之间的关系

续表

学者	商业模式定义
Hawkins（2001）	商业模式是企业和它在市场中提供的产品/服务之间的商务关系，是一种构造各种成本和收入流的方式
Weill 和 Vitale（2001）	商业模式是公司的客户、同盟者和供应商之间角色和关系的描述，并且还描述主要的产品流、信息流和资金流以及对各种类型参与者主要的利益
Thomas（2001）	商业模式是企业的可盈利业务所涉及的业务流程、目标客户、供应商以及企业的资源和能力的总体构造
Magretta（2002）	商业模式解释了企业如何运作，如何为顾客提供价值，以及企业如何盈利。商业模式从系统角度描述商业各部分如何组合在一起。不同于战略，商业模式不包括实施和竞争
Margoli Dubosson（2002）	商业模式是企业进行价值创造、价值营销及价值提供而形成的企业结构及其合作伙伴网络，以产生可盈利并维持收益的客户关系资本
Rappa（2002）	商业模式是做生意的方法，是企业赖以生存、带来收入的模式。商业模式通过明确企业在价值链中的位置，来阐述企业如何赚钱
Morris 等（2003）	商业模式是简洁地表示一组相关的决策变量如何定义市场的战略方向、运营构架和经济逻辑，以建立可持续的竞争优势，包括六个部分：价值定位、客户、内部流程/技能、外部定位、经济模式和个人/投资者的因素
Osterwalder（2004）	商业模式描述了企业如何创造价值、传递价值和获取价值的基本原理，包括一组元素和它们之间的关系，以及公司及其伙伴网络所组成的体系结构，并可以表示公司获利的逻辑
罗珉等（2003，2005）	商业模式是使企业得以建立和运作的经营行为手段、措施和基础假设条件
原磊（2007）	商业模式是一种描述企业如何通过对经济逻辑、运营结构和战略方向等具有内部关联性的变量进行定位和整合的概念性工具，说明了企业如何通过对价值主张、价值网络、价值维护和价值实现四个方面的因素进行设计，在创造顾客价值的基础上，为股东及伙伴等其他利益相关者创造价值
魏炜和朱武祥（2007，2012）	商业模式是企业与其利益相关者的交易结构，包括交易主体、交易内容、交易方式以及交易定价

对于商业模式的早期概念研究，Morris 等（2003）分析了 30 多个商业模式定义，将商业模式定义分为三类：经济类、运营类、战略类。经济类定义（Rappa，2000；Hawkins，2001；Afuah，2001）将商业模式看作企业的经济模式，是指如何赚钱、如何产生利润的逻辑。此类定义相关的变量包括收益来源、定价方法、成本结构、最优产量和利润等。运营类定义（Timmers，1998；Mahadevan，2000；Applegate，2001；Amit，2000）把商业模式描述为企业的运营结构，重点在于说明企业通过何种内部流程和基本构造设计来创造价值。相关变量包括产品或服务交付方式、管理流程、资源流、知识管理和后勤流等。战略类定义（Linder，2000；Weill，2001；Dubosson，2002）把商业模式描述为对不同企业战略方向的总体考察，涉及市场定位、组织边界、增长机会、竞争优势和可持续性等。相关变量包括利益相关者识别、价值创造、差异化、愿景、价值、网络和联盟等。可以看出，有关商业模式的早期概念主要是简单描述，无论是构成框架角度，还是运行机制角度，学者们大都基于互联网技术的电子商务领域，普遍以概念研究为内容，从具体案例中归纳总结规律，直观地提出商业模式的内涵。在这其中人们逐步达成共识：商业模式是企业价值创造和价值获取的逻辑。在这些商业模式的定义中，有些提到了商业模式的构成要素，但缺乏详细的描述，未建立起完整的、可供深入探讨的结构体系，普遍缺乏理论基础。

2003 年之后，学者们对于商业模式概念的研究普遍采用博采众长的方法，商业模式的概念逐渐趋于整合，从整体上将经济逻辑、运营结构与战略方向三者融合并通过其协同关系说明企业商业系统运行的本质。此时的商业模式定义以系统的角度说明企业如何通过创造顾客价值、建立内部结构以及利用关系网络来开拓市场、传递价值、创造关系资本、获得利润并维持现金流的商业本质。目前，学界广泛认可的商业模式概念由 Osterwalder 等（2005）提出，即商业模式是一种包含了一系列要素及其关系的概念性工具，用以阐明某个特定实体的商业逻辑，它描述了公司所能为客户提供的价值以及公司的内部结构、合作伙伴网络和关系资本等用以实现（创造、营销和交付）这一价值并产生可持续、可盈利性收入的要素。

综上所述，定义商业模式是用简单的描述来表达复杂的商业系统，所以需要研究的视角足够宽泛。因此，商业模式的概念应该是综合性的、体系化的，在商业模式诸多涉及因素的复杂关系中，需要抓住商业系统的本质属性。价值的创造和获取作为企业运营的核心，是商业模式的核心内容。

2.1.2 商业模式的构成要素

在商业模式理论体系的构建中，"定义"是概念的内涵，"构成要素"是概念的外延。商业模式概念定义的不统一导致了商业模式的构成要素众说纷纭。许多商业模式研究者一直在试图将商业模式作为一个工具来解释企业价值创造的机制，以减少商业模式分析中长期存在的随意性，研究的重点集中在回答以下两个问题：商业模式包括哪些要素？这些要素间的关系是什么？表2-2是国内外学者对商业模式构成要素的研究总结。

表 2-2　商业模式构成要素

学者	构成要素
Timmers（1998）	产品/服务、业务参与者及作用、参与者利益、收入来源、市场营销战略
Donath（1999）	理解顾客、营销战术、公司治理、内部网络能力、外部网络能力
Mahadevan（2000）	价值流、收益流、物流
Gordijn（2001）	参与者、市场细分、价值提供、价值活动、利益相关者网络、价值界面、价值点、价值交换
Linder 和 Cantrell（2001）	定价模型、收入模式、渠道模式、商业过程模式、由网络加强的商业关系、组织类型、价值主张
Hamel（2001）	核心战略、战略资源、价值网络、顾客界面
Petrovic（2001）	价值模式、资源模式、生产模式、顾客关系模式、收入模式、资本模式、市场模式
Dubosson（2001）	产品、顾客关系、合作伙伴网络与基础设施、财务界面
Afush 和 Tucci（2001）	顾客价值、业务范围、价格、收入、相关活动、互补性、能力、可持续性
Weill 和 Vitale（2001）	消费者、顾客、联盟、供应商、产品、信息、现金流
Applegate（2001）	观念、能力、价值
Amit 和 Zoot（2001）	交易内容、交易结构、交易管理
Alt 和 Zimmerman（2001）	使命、结构、流程、收入、合法性、技术

续表

学者	构成要素
Rappa（2001）	可持续性、收益流、成本结构、价值链定位
Betz（2002）	资源、销售、利润、资本
翁君奕（2004）	价值主张、价值支撑、价值保持
Osterwalder 等（2004）	四个主要方面——客户、客户界面、基础构架和财务因素，九个基本内容——客户（价值主张）、客户界面（目标客户、分销渠道、关系）、基础构架（价值配置、核心能力、伙伴关系）、财务方面（成本结构、收入模式）
Afuah（2005）	合作网络、企业内部价值链、核心能力、成本、产品或服务、渠道、客户关系、收益方式、目标客户
Bonaccorsi、Giannangeli 和 Rossi（2006）	产品和服务交付、顾客、成本结构、收益
Brousseau 和 Penard（2006）	成本、收益流、持续性收入阶层、货物及劳务生产以及交换
Johnson、Christensen 和 Kagermann（2008）	顾客价值主张、盈利模式、关键资源和关键流程
孔翰宁（2008）	客户价值（价值主张、消费者目标群体、分销渠道）、企业资源和能力（客户关系、价值配置、核心能力、合作伙伴网络）、盈利方式（成本结构、收入模型）
魏炜和朱武祥（2009）	业务系统、定位、盈利模式、关键资源能力、现金流结构和企业价值
程愚（2013）	价值成果、资源和能力、决策

资料来源：根据 Michael Morris（2003）和本书研究整理。

由表 2-2 可以看出，商业模式的构成要素研究也经历了从"简单描述"到"综合描述"的发展阶段。在简单描述阶段（1998~2004 年），研究者试图通过列举商业模式所涉及的各个方面构成要素，来描述商业模式的本质。这一时期的研究含有大量传统管理学的概念，很多直接引用了战略、组织结构等领域的要素（例如核心战略、产品等），主要回答了"商业模式包括哪些要素"的问题，对"这些要素间的关系是什么""哪些是核心要素"等问题基本没有涉及。这一时期 Osterwalder 和 Pigneur（2004）提出的商业模式模型具有代表性，指出商业模式在操作层面上包括四个主要方面——客户、客户界面、基础构架和财务因素,九个基本内容——客户(价值主张)、客户界面(目标客户、分销渠道、关系)、基础构架(价值配置、核心能力、伙伴关系)、财务方面(成本结构、收入模式)。

在"综合描述"阶段,学者在分析商业模式的"构成要素"基础上,开始深入研究商业模式的"构成体系",这时不仅需要列举商业模式包含哪些构成要素,还要研究这些要素的地位以及它们之间的关系,尝试提出可以有效指导企业实践的商业模式理论框架和系统模型。同研究商业模式概念阶段一样,在"综合描述"阶段的研究中,研究者对商业模式本质的理解超越了简单、孤立的描述,也超越了经济类、运营类和战略类等单一概念,统一成为一个综合的、整体的、系统的框架。这时,国内外学者普遍认为商业模式要素的概念实际上并不是直接组成商业模式的"结构部件",而是构建商业模式应当考虑的基本问题、设计思路或者是构成完整商业模式应该具有的功能。这一阶段,最具代表性的商业模式系统模型之一是由 Johnson 等(2008)提出来的,商业模式包括四个模块,即顾客价值主张、盈利模式、关键资源以及关键流程。这一阶段我国学者有关商业模式构成要素的代表性研究有:孔翰宁(2008)提出的四要素——客户价值(价值主张、消费者目标群体、分销渠道)、企业资源和能力(客户关系、价值配置、核心能力、合作伙伴网络)、盈利方式(成本结构、收入模型);魏炜和朱武祥(2009)提出的六要素——业务系统、定位、盈利模式、关键资源能力、现金流结构和企业价值,其核心概念是业务系统,强调整个交易结构的构型、交易方的角色和关系;程愚(2013)提出的三要素——价值成果、资源和能力、决策。

综合国内外学者所提出的商业模式构成,共有 20 多个不同要素被提及。尽管每个学者的研究侧重点不同,但在很大程度上体现出了对几个关键维度的共识,特别是价值主张(Value Proposition)、价值获取(Value Acquisition)、价值创造(Value Creation)三个维度。价值主张描述了企业向顾客提供的产品或服务内容,解释顾客为什么有支付意愿;价值获取描述了企业的盈利模式,解释企业如何创造收益和利润,包括成本结构、收入模式等因素;价值创造描述了企业如何创造价值并将价值传递给顾客,包括企业的关键资源、核心能力、关键流程等因素。在这三个维度中,早期的研究焦点主要在"价值获取",近期越来越多的文献将关注焦点放在"价值创造"方面。

商业模式的构成要素研究有助于精确描述商业模式,深入理解和准确描述企业的商业逻辑,为进一步研究商业模式创新、商业模式选择、商业模式分类等实际应用打下理论基础。

2.1.3 商业模式的分类方法

分类研究是商业模式研究的一个重要内容。合理的分类方法不仅可以在理论上深刻表述商业模式的概念内涵,还可以从实践上指导商业模式的实际应用。伴随着商业模式概念的提出,一些学者尝试对已有的或未来可能出现的商业模式进行分类。

2.1.3.1 电子商务商业模式分类

由于早期的商业模式研究主要在电子商务领域,因此相应的商业模式分类研究也主要集中在电子商务范畴。这个阶段,研究者提出的各类电子商务分类方法多达几十种,其中比较有代表性的研究来自 Timmers(1998)、Tapscott(2000)、Rappa(2001)、Weill 等(2001)。Timmers(1998)认为,电子商务模式可以基于三个维度进行分类:价值链分解(De-construction)、建立交互模式原型(Interaction Patterns)、价值链重构(Re-construction)。价值链分解采用了 Porter(1985)的价值链九个环节,区分电子商务的是价值链上的各种价值活动;建立交互模式原型是将买卖双方的交互关系分为"一对一""一对多""多对一""多对多"四种模式,结合价值链的九个环节,形成多种商业模式原型;价值链重构就是将第二步的商业模式原型进行组合,通过这个方法 Timmers 提出了 11 类电子商务商业模式。Tapscott 等(2000)采用逻辑推理的方法,提出两个分类组合维度——企业自身的"经济控制程度"(Economic Control)和"价值整合程度"(Value Integration),根据两个维度的定位,将商业模式体系分为市场(Agora)、集合体(Aggregation)、价值链(Value Chain)、联盟(Alliance)、分配网络(Distributive Network)五种类别。Rappa(2000)总结了互联网商业模式,提出了九大类电子商业模式,即经纪人模式(Brokerage)、广告模式(Advertising)、信息中介模式（Infomediary）、商人模式（Merchant）、制造商模式（Manufacturer）、会员模式（Affiliate）、社区模式（Community）、内容订阅模式（Subscription）、公共设施模式（Utility），在九大类商业模式下又细分成 28 小类。基于原子组合的思想，Weill（2001）认为电子商务商业模式本质上都是属于原子模式的一种或者几种组合。他提出的原子商业模式有八种：门户网站（Portals）、代理人（Agents）、拍卖人（Auctions）、中间商（Aggregators and Other Intermediaries）、基础设施服务提供者（Shared Infrastructure）、虚拟社区（Virtual Community）、整合者（Value Net Integrator）、内容供应商（Content Provider）。

可以看出，对于电子商务的商业模式分类，整体上欠缺理论基础，这和早期的商业模式概念不一、内涵边界模糊直接相关。Timmers、Tapscott 等尝试基于某种理论或逻辑进行分类，效果上看分类过于宽泛，对一些新的电子商务模式区分力较弱，实际指导作用不足。Rappa、Weill 等的分类基于企业实际模式的总结归纳，分类体系覆盖面较全、实用性强，能够很好地用于指导企业实践，特别是 Weill 的原子商业模式分类，提出了一种模块化的思想，为商业模式分类方法的研究提供了一种新的思路。但是这些分类方法缺乏明确的分类标准，使实际的商业模式划分存在交叉或遗漏的现象，不能作为一个统一的标准得以推广使用。

2.1.3.2 通用商业模式分类

相对于电子商务商业模式分类，通用商业模式的分类应该更具有普遍性和适用性。但通用商业模式因为所面向的对象历史时间长、行业跨度大、业务种类多，提出分类需要同时兼顾电子商务和传统商务的通用商业模式分类，所以研究难度增大，研究成果偏少。通用商业模式分类研究中，有以下代表性研究值得关注：Osterwalder（2004，2007）把商业模式创新分为存量型创新、增量型创新和全新型创新三类，并提出针对不同特点的企业，可以选择适合的商业模式。比如，对于能够获得新资源、核心能力或分销渠道的企业，可以选择存量型创新模式提供同之前相似的产品或服务；对于在一些方面落后的企业，需要在现有商业模式中增加新的元素来加强能力，则可以选择增量型创新；对于拥有先进技术并取得优势的企业，可以在新市场形成过程中，采用全新型创新类型。

Timmers（1998）基于价值链理论提出了一种商业模式分类方法。分类分为三个步骤：价值链分解、建立交互模式原型、价值链重构。其中，第一步价值链分解采用了 Porter（1985）的价值链九个环节：进料后勤、生产作业、发货后勤、销售、服务、采购与物料管理、研究与开发、人力资源管理、企业基础制度。价值链分解的目的在于分析公司运行的哪个环节可以提高客户价值或降低生产成本。第二步建立交互模式原型是将买卖双方分为"一对一""一对多""多对一""多对多"四种交互模式，结合价值链的九个环节，形成多种商业模式原型。第三步价值链重构是将第二步的商业模式原型进行组合，得到新的商业模式。

Tapscott 等（2000）提出了一个商业模式体系（B 网络），B 网络是由供应商、分销商、服务商、基础设施提供者和顾客，通过网络完成彼此间的商业合作和交易，从而形成一个商业模式体系。Tapscott 将 B 网络分为两个维度——经济控制程度和价值集成程度，根据控制程度维度（自我控制、分层控制）和价值集成程度维度（高、低）组合，B 网络可以分为五种大的类别，分别是市场、集合体、价值链、联盟、分配网络。

Dubosson-Torbay 等（2002）总结了 Timmers（1998）、Tapscott 等（1999）、Amami（1999）、Pigneur（1999）的分类方法，认为二维分类方法不够完整全面，提出了一种基于多维分类指标的商业模式分类体系。12 个指标分别是：使用者角色（The User Role）、交互形式（Interaction Pattern）、提供物属性（Nature of the Offerings）、定价系统（Pricing System）、定制水平（The Level of Customization）、经济控制（The Economic Control）、抵押物水平（The Level of Required Security）、价值集成程度（The Level of Value Integration）、价值/成本提供（The Value/Cost Offerings）、交易量（The Scale of Traffic）、创新程度（The Degree of Innovation）、买卖双方力量（The Power of the Buyer/Seller）。

李振勇（2006）提出了基于空间定位（虚拟空间、现实空间）、企业资本构成性质（产业资本、商业资本、金融资本、产业商业资本结合）、经营标的物（产品服务、品牌信誉、资本、商品资本集合）、生存依赖程度（融资、管理、生产、营销）四个维度的商业模式划分方法。

原磊（2007）将企业的价值创造逻辑作为商业模式的本质，并基于此提出了商业模式的"3-4-8"构成体系。其中，"3"代表联系界面，包括顾客价值、伙伴价值、企业价值；"4"代表构成单元，包括价值主张、价值网络、价值维护、价值实现；"8"代表组成因素，包括目标顾客、价值内容、网络形态、业务定位、伙伴关系、隔绝机制、收入模式、成本管理。分类方法可以根据内在构成要素（即"3-4-8"构成体系中"8"的八种组成因素）、外在环境因素（包括宏观环境、行业环境、企业环境、顾客环境），以及两者混合不同可以有2、4、8、14多种选择。研究者可以根据研究的需要，在这个商业模式分类研究框架基础上提出不同的分类方法。基于内外混合的二维商业模式，原磊给出了一种具体的商业模式分类方法。其中，内在要素中选择价值内容（一般性产品、体验性产品、知识性产品、一般性服务、体验性服务、知识性服务）的六个维度作为分类标准，外在要素选择技术基础（专有性技术、共有性技术）的两个维度作为分类标准，通过两者组合，形成12种商业模式，并对每种模式的具体企业案例做了分析。

曾楚宏等（2008）基于价值链理论以企业在产业价值链或价值网络中的定位、竞争优势、能够获得的潜在利润三个维度来衡量，将商业模式分为聚焦型、一体化型、协调型、核心型，并且指出，随着产业和环境的变化，企业在选择商业模式类型时会在这四种类型的商业模式之间按照一定的规律发生动态演化。

臧维（2010）以医药产业为例，提出一个以产业链、价值链、资金链三个维度划分的商业模式分类方法，并指出该分类方法可以进行改造，如产业链、物流链、资金链或衍生成四链条、五链条等新的分类方法。

可以看出，在多维组合模式分类的方法中，无论是基于具体行业还是通用行业的分类，分类维度的选择是核心因素。分类维度是商业模式本质的体现，这些学者从价值链、价值创造、价值网络、价值主张、价值实现等多个维度方面进行了分类研究的尝试，具有一定的理论性和很强的逻辑性，为商业分类研究提供了很多有益的借鉴。但此类研究有两点不足：一是一些研究分类维度过多，造成分类方法过于复杂，没有提出具体的分类标准，在实际中难以理解和操作；二是一些研究仅停留在逻辑分类结果和案例分析上，并没有进行实证研究，造成实际数据对理论验证力度不够，分类方法的理论性得不到提高。

有关商业模式的分类实证研究，国内外学者研究较少，典型的研究有：Amit 和 Zott（2001，2007）将商业模式分为以创新为中心（Novelty-centered）的商业模式和以效率为中心（Efficiency-centered）的商业模式，他们以 1996~2000 年 190 家美国和欧洲创业型企业的上市公司为研究对象，结果发现以创新为中心的商业模式与企业的绩效呈正相关，即使在环境变化时这一结论也成立。并且研究表明，创业公司想要将这两种模式结合起来统一成一个商业模式的做法可能是无效的。2008 年 Amit 和 Zott 将研究深入，他们将商业模式作为影响企业绩效的一种权变因素，研究其与市场战略（差异化、低成本以及进入时机）之间的匹配对企业绩效的影响，结果表明：创新型的商业模式能够匹配各种市场战略，而效率型的商业模式只能和低成本的市场战略相匹配。因此说明，商业模式和企业战略都能够影响企业绩效，而两者的匹配对企业绩效产生更显著的影响。

Weill 和 Malone（2006）经过四年的反复推敲，提出了对商业模式分类的两个维度：一个维度是基于考虑出售哪类权利（What rights are being sold），将商业分为创造者（Creator）、经销商（Distributor）、出租人（Landlord）、经纪人（Broker）四种；另一个维度是基于考虑涉及哪种资产（What type of assets is involved），将商业分为实物（Physical）、金融（Financial）、无形（Intangible）和人力（Human）资产四种。综合上述两方面共产生 16 种具体的商业模式（其中有两种模式非法，不加以分析）。然后对 1998~2002 年美国 1000 家上市大公司进行分类，选取了托宾 Q 和 ROIC 等六个绩效指标对不同类别商业模式进行实证研究。结果表明，一些商业模式相较于其他模式要更加常见，业绩也确实优于其他模式，虽然没有模式在六个指标上都表现突出，但一些模式在具体指标上的影响存在差异。比如，卖资产使用权的商业模式比卖资产所有权的商业模式有着更高的利润，基于非实物资产的商业模式比基于实物资产的商业模式有着更高的利润。制造商在资产现金流回报率方面比实物资产经销商（即批发商和零售商）表现优秀，金融资产经纪人（即股票和保险经纪人）在托宾 Q 值方面比实物经销商优秀。

王翔、李东和张晓玲（2010）研究了我国有色金属类上市公司，将商业模式按价值链覆盖范围（资源型、冶炼型、加工型、一体化型）、核心资产（有形类、无形类、运作类）、目标市场范围（本地型、内外兼顾型、国内主导型）和资本结构（保守型、稳健型、风险型）四维度标准进行了分类。根据不同的分类指标将我国有色金属类上市公司分为34类，运用ANOVA方差分析法对样本数据进行了统计分析，实证结果表明商业模式是企业间绩效差异的驱动因素，且不同商业模式对企业绩效指标影响程度不同，商业模式对盈利能力的影响最为显著，其次是成长性和市场价值，而对运营效率的影响最不显著。

罗倩和李东（2013）构建了基于价值创造与价值获取两个维度的商业模式理论分析框架，提出商业模式的价值主张、价值网络、核心资源、收入组合四个要素。通过实证分析对所选取的样本企业进行四个要素间两个维度（价值创造与价值获取）上的测评，形成24类商业模式类别。采用七大战略新兴产业的162家样本企业进行研究，根据不同类别的业绩指标的测评结果，通过方差分析发现，此24类组间均值存在显著差异。

还有些学者通过聚类的方法对商业模式进行了分类：鲁皓和方政（2010）根据上市年数、品牌业务比重、网络效应、消费者锁定四个变量，对15家样本IT企业进行聚类分析，最终将样本企业商业模式分为三类，即竞争培育型模式（广告收入为主）、垄断培育型模式（行业内优势显著）、半竞争培育型模式（增值服务收入为主）。吴晓波等（2014）基于价值网络研究视角，在价值主张、价值创造、价值获取、价值实现四个维度上，通过专家打分对中国创业板上的62家现代服务业企业进行聚类分析，得到六种商业模式——长尾式、多边平台式、免费式、非绑定式、二次创新式、系统化，并对每种商业模式的典型案例进行了分析。

可以看出，通用商业模式分类研究经历了从单一维度为主到多维度综合的过程，结合商业模式概念定义和构成元素的研究进展，商业模式分类依据指标也向企业内外部的价值驱动要素演进。然而，分类研究仍然是商业模式研究中的一个难点，基于不同的研究目的、应用环境，商业模式一定会有不同的分类方法，某些分类方法比其他更有用（Weill，2005），分类的差异在于不同分类方法的概括力和解释力有所不同。

2.2 企业绩效评价

2.2.1 企业绩效评价方法

绩效（Performance）反映企业经营的有效性，包括效率和效果。从内涵上看，绩效既是企业的经营行为（Campbell，1990），也是企业经营的结果（Bemadin & Kane，1993），用以衡量企业达成目标的能力。企业绩效评价方法早期集中在财务指标上，随着经济社会的发展和企业经营实践需要，评价开始涉及非财务指标，并逐步趋于综合评价企业多个方面的指标。

20世纪60年代以前，财务指标是企业绩效评价的主要方法。成本绩效（Cost Performance）评价是企业最早采用的财会评价方法，是通过定期考核成本目标实现情况和成本计划指标的完成结果来评价成本管理工作的效果。成本绩效评价通过评价企业中成本中心的业绩，促使企业中各责任中心对所控制的成本承担责任，以控制和降低各种产品的生产成本，适合于大型生产型企业的管理。美国杜邦公司在1919年设计了杜邦财务分析体系，利用企业主要财务指标之间的内在联系，对企业盈利能力、运营能力、偿债能力等方面进行综合系统的评价分析，使财务指标分析更加层次鲜明、逻辑清晰、系统全面。

随着经济技术的进步，针对企业的财务指标评价，开始有了更深入的认识。一方面，财务指标评价依托历史财务数据，将使企业侧重于追求短期的经济效益；另一方面，财务指标不能全面反映企业的经营状况，顾客、供应商、雇员、技术创新、无形资产等因素对企业经营业绩的影响作用无法在财务指标中体现。自20世纪70年代后，企业绩效评价逐渐引入非财务因素，通过财务结合非财务指标的方法实现对企业的综合绩效评价。这个时期出现了很多与企业绩效相关的经济学理论和相应的企业绩效评价非财务指标，比如基于企业能力理论的市场份额、市场开发能力、技术创新能力、品牌价值等指标；基于产权理论的产权归属、产权结构等指标；基于利益相关者理论的顾客满意度、顾客忠诚度、员工忠诚度等指标。1991 年，美国斯特恩·斯图尔特咨询公司（Stern Stewart）提出了著名的经济增加值（Economic Value Added，EVA）方法：

$$EVA = NOPAT - IC \times \left(\frac{D}{D+E} K_D + \frac{E}{D+E} R_F \right) \qquad (2-1)$$

其中，NOPAT 是税后营业净利润，IC 是投资成本，D 是长期负债，E 是所有者权益，K_D 是长期负债成本，R_F 是无风险投资报酬率。

EVA 绩效评价方法将资金的时间价值以及所有者投入的机会成本纳入考虑范围，精细化了投资增值收益，反映了企业扣除了全部资本成本之后的资本收益，对时间段内企业为股东创造的价值进行了较准确的评价。相对于传统的业绩指标，EVA 将企业的关注目标从利润最大化转为价值最大化，可以促进企业部门目标和企业的整体目标相一致。EVA 方法注重企业的可持续发展，避免以牺牲长期业绩为代价来夸大短期绩效，鼓励企业的经营者进行能给企业带来长远利益的投资决策，如投入研发费用、培养人力资源等。在实际应用中，修正的经济增加值（REVA）、市场附加值（MVA）等指标使 EVA 方法逐渐成为企业绩效评价最广为接受的方法。EVA 方法的缺点在于计算困难，比如难以准确地计量股权资本成本中的 R_F（无风险投资报酬率），以及计算 NOPAT 时的调整达 150 多项。

1992 年，Kaplan 和 Norton 提出了著名的平衡计分卡（Balanced Score Card，BSC）方法，从财务（Financial）、客户（Customer）、内部经营流程（Internal Business Processes）、学习与成长（Learning and Growth）四个方面来评价企业绩效。这四个方面代表了企业的股东、客户、员工三个主要利益相关者，财务方面在于股东利益，衡量指标有营业收入、资本报酬率、经济增加值等；客户方面指标通常包括客户满意度、客户忠诚度（Kaplan & Norton，2001；Cavalluzzo & Ittner，2004）、市场份额等（Pewarson & Amason，2002）；学习成长方面针对员工，指标有员工满意度、员工保持率、员工增长率、员工技能等（张玉利和李乾文，2005；沈超红和罗亮，2006）。BSC 的逻辑在于，"学习与成长"是企业绩效的长期驱动因素，只有企业员工具有高度积极性，在不断学习中得到提高，才能够使企业的"内部经营流程"

得以高效运营，从而不断完善对"客户"的服务，达到企业的"财务"绩效要求，实现股东利益。可见，BSC通过一系列的互动因果关系，企业得以把"绩效产出指标"和"绩效驱动因素"综合为一个系统，实现了财务指标和非财务指标（客户、内部流程、学习与成长）的平衡、长期目标和短期目标的平衡、结果性指标与动因性指标之间的平衡、内部群体（员工和内部业务流程）与外部群体（股东与客户）的平衡、领先指标（客户、内部流程、学习与成长）与滞后指标（财务）之间的平衡，使组织的"战略"能够转化为"行动"，保证企业战略得到有效的执行。

综上所述，企业绩效评价经历了成本评价、财务评价、价值评价、综合战略评价等发展阶段，逐步发展成为一个包含了财务指标和非财务指标的多维概念。因此，对企业的绩效评价方法研究也呈现出多元化的趋势。近年来，一些诸如BP神经网络、灰色关联法、熵值法等数学、医学的研究方法也进入了企业绩效评价方法的领域，企业绩效的具体评价方法选择应该结合评价的目的、对象、背景等因素加以综合考虑。

2.2.2 企业绩效评价指标

尽管企业绩效评价方法中财务指标具有滞后性和时效局限，难以全面反映企业经营的各方面复杂因素。但财务指标由于可以进行具体量化的测度，使企业内部、历史数据、企业之间的客观比较成为可能。本书的目的在于对不同类型商业模式、所处不同情境下的企业绩效进行横向比较，所以主要选择财务指标作为企业绩效评价的主要因素，辅以选择非财务指标进行补充。

对于财务指标的选取，Capon（1990）分析了320篇1921~1987年有关财务绩效的实证研究，发现绩效指标一致选择了单一指标，如生产力、效率、利润、组织的稳定成长等；McGuire（1990）的财务指标选择了资产回报率、资产负债比、中期资产状况、收入增长率、销售增长率等；Belkaoui和Pavlik（1991）的企业绩效指标采用边际利润、流动资产、托宾Q值（市场价值与账面价格比）；Murphy（1996）研究了1987~1993年的创业文章，发现60%的研究只选择了绩效的其中一个或两个维度，比较常用的财务指标是效率、增长和利润；Deephouse（1997）采用加权资产收益率对企业绩效进行评价；Robinson（1998）选用销售利润率、销售额和销售增长率指标反映企业的销售业绩，选用税前收益、净利润、资产收益率、股票收益率、投资回报率指标反映企业的收益。国内对于企业绩效的评价在国家对国有企业的绩效考核指标的变革方面有重要体现，其中20世纪90年代的《企业经济效益评价指标体系》将销售利润率、总资产报酬率、资本收益率、资本保值增值率、资产负债率、流动比率、应收账款周转率、存货周转率、社会贡献率、社会积累率10项指标作为考核指标；2006年4月发布了《中央企业综合绩效评价实施细则》，对企业的绩效评价财务指标占比70%，管理绩效指标占比30%，财务绩效评价指标选择了企业盈利能力状况（净资产收益率、总资产报酬率）、资产质量状况（总资产周转率、应收账款周转率）、债务风险状况（资产负债率、已获利息倍数）和经营增长状况（营业增长率、资本保值增值率）四个方面的八个基本指标和14个修正指标构成；2012年第三次修订的《中央企业负责人经营业绩考核暂行办法》中的考核指标包括基本指标与分类指标，其中基本指标包括利润总额和经济增加值指标。《中央企业综合绩效评价实施细则》和《中央企业负责人经营业绩考核暂行办法》实际用于国务院国资委指导中央企业业绩考核，各地国资委基本上采用了相同的体系用于本地区的国有企业考核。国内学者针对企业绩效的不同研究目的，也开展了大量研究，近年来有代表性的研究如表2-3所示。

表2-3 企业绩效研究财务指标选择

国内学者	研究目的	财务绩效指标	财务绩效指标数量
王大飞和曹佳（2010）	因子分析法进行企业绩效评价	获利能力、债务偿还能力、资产管理状况和成长能力、长期债务偿还能力	5
黄涛和宋成（2010）	建立汽车制造企业绩效评价模型	盈利能力、经营发展能力、偿债能力、现金保障能力、资本结构和投资收益	6
段伟（2011）	建立上市企业绩效评价指标体系	成长能力、盈利能力、偿债能力、营运能力、现金流	5
陈雪敏（2011）	建立国有外贸企业的绩效评价指标体系	盈利能力、运营能力、偿债能力、发展能力	4

续表

国内学者	研究目的	财务绩效指标	财务绩效指标数量
王娟（2012）	国有企业绩效评价指标体系的改进	获利能力、偿债能力、资产管理能力、企业成长能力、财政投入率	5
殷晓臣等（2012）	某企业绩效评价的实证分析	收益能力、资产运营能力、偿债能力	3
李炎炜和王翔（2013）	技术创业企业商业模式设计对企业绩效影响	盈利性、效率性、成长性	3
王星洲（2013）	国有企业经营绩效评价	资产流动性（运营能力）、资金流动性（运营能力、销售利润率）、流动资产、资源利用（运营能力）、增长能力	5
王瀚轮（2014）	风险投资对新创企业绩效影响	净利润率、投资回报率（盈利能力）、净利润增长速度、销售增长速度（增长能力）、资金周转速度（运营能力）	5

如表 2-3 所示，针对企业绩效研究的财务指标选取主要集中在盈利能力、运营能力、成长能力、偿债能力四个方面。同时，为避免企业规模等因素的影响，尽量选择比率类的指标，因此选择出 13 个关键性指标，具体如下：

（1）盈利能力指标（四个）。盈利能力是企业经营效益创造价值的核心内容，反映企业在一定时期内的投入回报及获利能力。本书选取盈利能力指标如下：

加权平均净资产收益率（ROE）＝净利润/平均净资产，反映企业自有资本获取收益的能力，具有很强的综合性。

主营业务利润率＝（主营业务收入－主营业务成本－主营业务税金及附加）/主营业务收入，反映企业主营业务的获利能力。

经营项目毛利率＝（经营项目收入净额－经营项目成本）/经营项目收入净额，反映企业产品或服务的初始获利能力，间接说明了公司价值升值的潜力。

总资产报酬率（ROA）=（利润总额+利息支出）/平均资产总额（平均负债总额+平均所有者权益），反映企业运用全部资产（包括所有者权益和负债）的总体获利能力。

（2）运营能力指标（三个）。运营能力是企业经营和运作效率、资产运转效率的体现。本书选取运营能力指标如下：

存货周转率=销货成本/平均存货余额，反映存货变现速度。

固定资产周转率=营业收入/平均固定资产净值，评价固定资产发挥效率。

总资产周转率=营业收入/平均资产总额，综合评价企业全部资产的经营质量和利用效率。

（3）成长能力指标（三个）。成长能力反映企业的经营增长水平和发展速度，用以评价企业的发展潜力。本书选取成长能力指标如下：

营业收入增长率=（本年营业收入−上一年营业收入）/上一年营业收入，反映企业营业收入规模的扩张情况，是评价企业处于何种成长阶段的重要参数。

总资产增长率=本年总资产增长额/年初资产总额，从企业规模增长水平评价企业发展能力。

净利润增长率=（本年净利润−上年净利润）/上年净利润，综合衡量企业资产营运与管理业绩，以及成长状况和发展能力。

（4）偿债能力指标（三个）。企业偿债能力是反映企业财务状况和经营能力的重要标志，是企业偿还长期及短期债务的承受能力或保证程度。本书选取偿债能力指标如下：

流动比率=流动资产/流动负债，反映企业用可在短期内转变为现金的流动资产偿还到期流动负债的能力。

资产负债率=负债总额/资产总额，反映企业长期偿债能力。

产权比率=负债总额/所有者权益，反映长期筹资中债权人和企业所有人分别提供的资金比例。

2.3 商业模式与企业绩效关系

从研究顺序来看，商业模式概念本质、体系构成、分类方法等研究为商业模式指导企业实践提供理论依据和研究思路，而商业模式对企业绩效的影响是商业模式研究在实践中的应用。从概念上来看，商业模式是企业价值创造的逻辑，这一逻辑在企业运营过程中即体现为对绩效的影响。

2.3.1 商业模式直接影响企业绩效

在商业模式概念研究阶段，一些有关商业模式对企业绩效的作用的研究来自商业咨询公司，埃森哲（Accenture）的一份研究报告中针对40家美国公司70位高管进行访谈研究时发现，成功的企业选择一个有效的商业模式并很好地执行，或者不断调整自己的商业模式而获得竞争优势（Linder & Cantrell，2000）。一些研究者提出，商业模式对解释企业运营、给企业带来卓越的竞争优势、提升企业财务绩效具有重要作用（Timmers，1998；Afuah & Tucci，2000；Thomas，2001；Amit & Zott，2001；Magretta，2002），另一些学者从商业模式的转换机制（Henry & Richard，2002）、创新设计（Amit & Zott，2002；Mitchell，2003；Morris et al.，2005）、构成要素（Afuah，2004）、企业变革（Hammer，2004）等方面，通过案例分析和概念模型定性研究了商业模式在企业创造价值、获取竞争优势过程中的作用和机理。在2005年经济学人智库（EIU）发起的针对4000多名高级管理者的调研中，54%的CEO认为，商业模式创新将比产品和服务创新带来更多的竞争优势（张维迎，2010）。这一时期学者们的普遍共识是商业模式在提高企业绩效和核心竞争力上发挥了重要作用，并开始尝试着探讨这种作用的具体机理。

一些学者开始致力于打开商业模式这个"黑匣子"，通过考察企业内外部因素之间、商业模式要素之间的关系，通过实证分析来研究商业模式对企业绩效的影响。IBM的咨询顾问访谈了全球765家企业和公共部门的领导，发现那些财务绩效突出的企业在商业模式创新上付出的精力是绩效较差企业的两倍，这些企业领导者中有65%预期本企业今后两年内会发生根本性的改变（Pohle G. & Chapman，2006）。基于 IBM 的这篇研究报告，Giesen 等（2007）基于经验、文献研究和 35 个精选的实践案例检验了商业模式创新和企业绩效之间的关系，提出了三种商业模式创新路径：戴尔、苹果、谷歌等公司通过创新产业价值链实现的"产业模式"；吉列、网飞等公司通过产品或服务的盈利方式创新的"收入模式"，重新定义组织边界，在价值链中创新企业结构或定位的"企业模式"。研究表明，三种模式都能够取得好的财务绩效，外部合作的企业模式创新更为普遍。

麻省理工斯隆管理学院的 Weill 和 Malone（2006）通过两个维度（出售哪类权利、涉及哪种资产）将企业商业模式分为 16 个种类，然后对美国 1000 家大企业的托宾 Q 值、净资产回报率等六项财务绩效指标进行实证分析，大样本分析表明：一些商业模式相较于其他模式在某些业绩指标上表现更好。

浙江工商大学项国鹏教授团队对商业模式与企业绩效关系也有多年研究，其中，周鹏杰（2012）选择商业模式价值创造的三个重要维度（价值命题、价值创造/传递、价值实现）中的五个组成要素（细分顾客、市场范围、经营模式、顾客接触方式和盈利方式）对应的 13 个指标，以 65 家零售业上市公司作为研究对象，将商业模式分为 38 种类型，单因素方差分析结果表明：商业模式对盈利能力和每股指标的影响最为显著，其次是成长潜力，对运营效率的影响最弱。魏唯（2015）选择产品/服务、目标顾客、市场范围、资源和能力、关键活动、收入模式和成本管理八个要素作为商业模式的分类指标，通过聚类分析将 A 股医药上市企业的商业模式分为四个类型（本地主导品牌型、内外兼顾生产制造型、研发及营销投入型和价值网络型），再通过因子分析对不同类型的商业模式企业绩效做出评价，结果表明价值网络型商业模式企业绩效表现最好。

张楠楠（2013）从价值链的四个环节（供应商价值链、企业基本价值链、分销渠道价值链以及客户价值链）构建了商业模式指标体系，选取 183 家信息技术上市公司数据，回归分析表明：客户价值链中上下游之间尤其是企业与供应商和客户之间的关系对企业价值有着较深影响，企业内部基本价值链和销售渠道对于企业价值的影响较小，政府补助对于应付账款周转率、国内销售比率和销售费用变动率有显著的调节作用。

王才营（2014）选择了主营产品、经营性质、科研投入、资本结构、市场范围及政府补助六个指标代表商业模式的四个维度（价值主张、价值创造、价值传递、价值实现），采用A股上市的98家环保企业数据，通过单因素方差分析验证了价值主张维度对盈利能力影响显著；价值创造维度对盈利能力、成长能力、营运能力影响显著；价值传递维度对盈利能力、营运能力影响显著；价值实现维度对盈利能力、成长能力影响显著。同时，根据样本公司商业模式在四个维度六个指标上的表现，运用聚类分析法将样本公司的商业模式分成六类，验证了不同商业模式对企业绩效的影响的差异性。

王慧慧（2015）将商业模式按照价值主张（目标客户、市场定位）、价值创造与传递（经营模式、传递方式）、价值实现（盈利方式）三个维度中的五个指标11个分类项目对服装纺织业的35家上市企业进行了分类，通过对2011~2013年数据的方差分析和主成分分析，结果表明商业模式类型对企业绩效具有显著影响，其中对成长能力的影响最大，其次是盈利能力和运营能力，对每股指标的影响较弱。

2.3.2 商业模式间接影响企业绩效

Zott和Amit（2007）将商业模式分为新颖型（Novelty-centered）和效率型（Efficiency-centered）两类，新颖型商业模式是指交易参与者产生新的交易方式或机制，效率型商业模式是指降低交易成本的模式。通过分析190家美国和欧洲的创业企业的信息，对各企业的新颖型和效率型指标采用13个小项进行评分，并选用股票市场价值的对数作为企业绩效指标，通过最小二乘法回归分析，结果表明：新颖型商业模式对创业的绩效具有显著影响，而且这种正相关性的影响在不同的环境和时间点上具有稳定性。进一步地，Zott和Amit（2008）继续通过实证分析，将新颖型商业模式与"先入市场"（Early Market Entry）、"成本领先"（Cost Leadership）、"差异化"（Differentiation）三种不同的产品市场战略形式加以匹配，回归结果表明这些匹配均能增强企业绩效，而效率型的商业模式只和"成本领先"的产品市场战略相匹配。研究同时强调了商业模式和产品市场战略关系的互补性，表明企业可以通过商业模式或战略单独作用或匹配作用来提高企业绩效。

Patzelt 等（2008）针对 99 家德国生物制药企业研究，将商业模式分为平台式（Platform）和治疗式（Therapeutics）两类，并将其作为权变因素，提出商业模式作为企业的高管团队构成与企业绩效关系的调节变量，并实证分析验证了假设，结果表明，不同类型的商业模式的企业，其高管团队构成对绩效的影响会有所不同。

国内学者程愚等（2005）将商业模式划分为三个维度（客户交易、内部交易、伙伴交易），采用福建省 20 家民营企业调研数据，建立了商业模式与企业绩效的回归模型，结果表明模型对企业绩效的解释能力在 65% 左右。程愚等（2012）借鉴 Zott 等人的研究，将技术创新型和经营方法创新型作为我国企业竞争中采用的主流商业模式，通过调研方式获得制造业、服务业等 383 家企业数据，实证研究结果表明：营运效应是商业模式影响绩效的重要中介机制，主要体现在经营方法创新型商业模式对企业绩效的影响中，营运差异化和营运确定化因素发挥显著的中介作用。

王翔等（2010）的团队对商业模式对企业绩效的影响进行了持续研究，选取价值链覆盖范围、核心资产、目标市场范围和资本结构四维度对商业模式进行分类，通过对有色金属上市企业采用方差分析，得到结论：商业模式对企业的盈利能力、成长性和市场价值影响显著，其中对盈利能力的影响最为显著，而对企业运营效率的影响最不显著；李东和王翔等（2010）设计了价值效应和固化效应两个潜变量来描述商业模式的性能，采用 192 家上市企业信息数据，通过结构方程对商业模式性能与企业绩效持续性关系进行了验证性因素分析，结果表明价值效应和固化效应的影响状况不同，但总体具有正向影响。李炎炜和王翔等（2013）借鉴 Zott 和 Amit 的研究，将商业模式分为四个导向（新颖、效率、授权、整合），使用层次回归法，研究江苏省 180 个企业的商业模式四个导向与企业绩效（盈利性、效率性、成长性）的关系，结果表明：新颖导向与企业盈利性绩效和成长性绩效显著正相关，与效率性绩效无明显相关关系。效率导向与企业效率性绩效显著正相关，与盈利性和成长性绩效无明显相关关系，授权导向与企业盈利性、成长性和效率性绩效显著正相关，整合导向则与企业绩效无明显的相关关系。王翔（2014）继续采用 Zott 和 Amit 的商业模式分析方法，使用创业板 108 家科技型企业 2009~2011 年数据，对商业模式在技术创新和企业获利之间的调节作用进行研究，结果验证了商业模式具有重要调节作用。王翔等（2015）将顾客价值主张、业务活动系统、盈利方式三个维度代表商业模式，采用 2009~2011 年 281 家创业板企业数据，通过层次回归分析验证了商业模式各维度间的耦合比单独因素对企业绩效的影响更为显著。

文亮（2011，2012）构建了创业环境、创业机会、创业能力三大创业关键资源与企业商业模式、创业绩效的关系模型，对 243 家新创企业的调研数据进行了相关分析、回归分析和结构方程模型分析，验证了新创企业商业模式在创业环境、创业机会、创业能力与创业绩效之间的中介作用。

胡保亮（2012）以 58 家创业板上市企业为样本对商业模式创新、技术创新、企业绩效之间的关系进行了实证研究，结果表明：商业模式创新对企业营业收入增长具有显著的正向影响，商业模式创新与技术创新形成互补关系，两者的交互对企业成长绩效（营业收入和利润的增长）具有显著的正向影响。胡保亮（2015）采用 173 家制造业企业的问卷调查数据，通过层次回归法研究了商业模式、创新双元性（组织同时进行利用性创新和探索性创新的能力）与企业绩效三者之间的关系，结果表明：效率型和新颖型商业模式都对创新双元性具有显著的正向影响；创新双元性对企业绩效具有显著的正向影响；创新双元性在效率型和新颖型商业模式对企业绩效影响中都起到部分中介作用。

刘卫星（2013）研究了商业模式前因变量（客户需求、技术变革、竞争强度、企业资源、组织结构、企业家精神）、商业模式（内部价值、客户价值、合作价值）以及企业绩效（财务绩效、市场绩效）三者间的影响关系，采用量表问卷数据分析，结果表明：商业模式前因变量中企业资源、技术变革和企业家精神对商业模式作用显著，客户需求、竞争强度和组织结构对商业模式的部分维度影响显著，商业模式三个维度对企业绩效影响部分显著。研究同时构建了动态能力对商业模式与企业绩效关系的调节作用模型，实证分析表明：资源整合能力对商业模式与企业绩效关系具有完全调节作用，机会识别能力和组织重构能力对商业模式与企业绩效关系具有部分调节作用。

郭京京和陈琦（2014）以电子商务企业的 202 份样本为研究对象，研验证了效率型商业模式设计和新颖型商业模式设计对企业绩效具有显著正向影响；环境动态性对效率型商业模式设计与企业绩效的关系具有正向调节作用；关系嵌入性对新颖型商业模式设计与企业绩效的关系具有正向调节作用。

徐思雅（2014）研究了商业模式新颖性设计在服务创新能力（创新投入能力、过程管理能力、技术支撑能力以及创新产出能力）和企业绩效间的调节作用。通过对浙江省201家服务业企业2009~2011年数据的实证分析表明：商业模式新颖性设计对创新投入能力中员工整体水平与企业绩效的关系起正向的调节作用，对创新投入能力中研发强度与企业绩效的关系起负向的调节作用，对过程管理能力与企业绩效的关系起正向的调节作用。

陈俊滢（2015）借鉴Zott和Amit的商业模式分析方法，提出环境友善性和吸收能力是影响商业模式设计与新创企业绩效关系的重要情境因素，研究验证了新颖型商业模式对新创企业的企业绩效正向促进作用显著，而效率型商业模式对新创企业的企业绩效的作用不显著；环境友善性、吸收能力都正向调节新颖型商业模式与新创企业绩效关系，环境友善性负向调节效率型商业模式与新创企业绩效关系。

有关国内外商业模式与企业绩效关系的实证研究总结如表2-4所示。

表2-4 商业模式与企业绩效关系实证研究

年份	学者	商业模式维度	行业	商业模式与绩效关系
2006	Weill和Malone	通过两个维度，分为16类	通用	直接影响
2007	Zott和Amit	新颖型、效率型两类	通用	直接影响
2008	Zott和Amit	产品市场战略形式加以匹配	通用	与市场战略交互影响企业绩效
2010	王翔等	价值链覆盖范围、核心资产、目标市场范围、资本结构四个维度	有色	直接影响
2012	周鹏杰	三个维度（价值命题、价值创造/传递、价值实现）中的五个组成要素	零售	直接影响
2012	胡宝亮	商业模式创新	通用	商业模式创新以及和技术创新的交互，都影响企业绩效

续表

年份	学者	商业模式维度	行业	商业模式与绩效关系
2013	李炜和王翔	借鉴 Zott 和 Amit 分类,分为四个导向:新颖、效率、授权、整合	通用	直接影响
2014	王才营	价值主张、价值创造、价值传递、价值实现	环保	直接影响
2015	王翔	顾客价值主张、业务活动系统、盈利方式三个维度	通用	三个维度之间耦合对企业绩效影响
2015	魏唯	产品/服务、目标顾客、市场范围、资源和能力、关键活动、收入模式和成本管理	医药	直接影响
2015	王慧慧	价值主张、价值创造与传递、价值实现三个维度五个指标分类	服装纺织	直接影响
2008	Patzelt 等	平台式、治疗式两类	医药	是高管团队构成与企业绩效关系的调节变量
2011,2012	文亮	商业模式	通用	商业模式在创业环境、创业机会、创业能力与创业绩效之间的中介作用
2012	程愚	借鉴 Zott 和 Amit 分类	制造业	营运效应是商业模式影响绩效的中介变量
2013	张楠楠	供应商价值链、企业基本价值链、分销渠道价值链以及客户价值链四个环节	信息技术	直接影响、调节作用
2013	刘卫星	内部价值、客户价值、合作价值	通用	动态能力在商业模式与企业绩效间有调节作用
2014	王翔	借鉴 Zott 和 Amit 分类	科技型	商业模式在技术创新和企业获利之间有调节作用
2014	郭京京等	借鉴 Zott 和 Amit 分类	电子商务	环境动态性和关系嵌入性对商业模式设计与企业绩效的关系有调节作用

续表

年份	学者	商业模式维度	行业	商业模式与绩效关系
2014	徐思雅	商业模式新颖性设计	服务业	商业模式新颖性设计在服务创新能力和企业绩效间有调节作用
2015	胡宝亮	借鉴 Zott 和 Amit 分类	制造业	创新双元性在商业模式对企业绩效影响中有部分中介作用
2015	陈俊滢	借鉴 Zott 和 Amit 分类	通用	环境友善性、吸收能力在商业模式与新创企业绩效关系中有调节作用

由表 2-4 可知，商业模式对企业绩效产生的影响得以普遍验证，影响分为两类：一是直接影响，指出不同类型的商业模式会对企业的盈利性、成长性等绩效产生直接影响；二是间接或协同影响，将商业模式、企业绩效和环境因素或企业能力等企业经营系统中的其他因素统一考虑，建立相互作用模型，从而验证其中的交互、中介或调节的影响。在商业模式维度的划分方面，大部分研究者根据商业模式的内涵或构成要素来划分，针对特定行业的研究者也有根据行业特点进行划分的。

总体来说，国内外有关商业模式的大样本实证研究难度高、数量少。但大量实例数据分析结果提高了研究的可信度，是今后商业模式理论与实践结合研究的重点。未来研究的热点和难点主要集中在两点：一是商业模式的分类。现有的商业模式研究分类中，一些分类比较笼统，概念准确但区别度不大，难以有效指导实践；另一些分类指标选取由于缺乏理论基础支撑，难以形成统一认知维度，因此无法做到更大范围的问卷量表调研，通过实证分析来完善理论基础。二是商业模式作为权变因素，在企业运营系统中的其他因素对企业绩效的作用。在考虑企业运营系统中的因素时，首先需要根据不同的研究目的来确定影响企业绩效的主要因素，其次还要根据这些因素组成和研究目的，来确定商业模式的分类方法，最后将包括商业模式在内的企业运营系统中各因素综合考虑，分析因素间的相互作用机制，提出研究模型，通过实证研究加以验证。

2.4 情境构成维度

有关情境（Context）的概念来自区域创业差异的研究。显然，企业经营活动在不同的国家或地区之间具有显著的差异，原因在于不同区域之间的政治、经济、文化环境带来不同的促进和约束条件，这些条件和企业的经营密切相关。企业的绩效受企业内部和外部条件的综合影响，如果说商业模式是企业开发商业机会、创造价值的方式，重点关注企业内部整合利用资源的方法，是影响企业绩效的内因，那么企业所处的外部环境，则是企业生存发展的基本条件，能够对企业创造获取价值起到加速或延缓的作用，是影响企业绩效的外因。在企业绩效的系统研究中，除了需要关注商业模式的内因作用，还要将对系统发展具有重要作用的外部环境因素作为必要条件来考虑。

2.4.1 情境的内涵

情境的概念最早在管理学相关的其他领域出现，不同学科的学者都在本领域的著作中使用了"情境"这个词，这些研究探讨了外部政治、宗教、社会等方面因素与经济活动之间的影响关系，为情境研究奠定了基础。自20世纪90年代开始，情境成为组织研究、创业研究的一个重要概念得到系统的研究，有关情境概念的代表性研究如表2-5所示。

表2-5 情境概念代表性研究

年份	学者	定义	用词	研究范畴
1990	Hansen	创业背景包含可以度量的经济指标、难以测量的经济指标（如就业人口）、非经济指标（如地理、创业活动、公民领导力）	背景（Milieu）	创业
1991	Sherer	情境是与特定现象关联的环境	情境（Context）	组织

续表

年份	学者	定义	用词	研究范畴
1991	Capelli 和 Sherer	与特殊现象相联系并且可以被用来解释特殊现象的周围事物	周围事物（Surroundings）	组织
1993	Mowday 和 Sutton	情境是指在行为方面获得的机会或受到的限制，是一种外部存在的刺激因素	情境（Context）刺激因素（Stimuli）	组织
1994	Gnyawali 和 Fogel	影响创业者创业意愿的经济、社会、政治等方面的总体因素以及能够支持和作用于创业过程的因素组合	环境（Environment）	创业
1996	Spilling	创业情境等同于创业环境	情境（Context）	创业
2006	Wilkinson	创业气候是区域范围内能够促进创业活动的"软"要素，由经济、政治、社会、技术等方面的要素构成	气候（Climate）	创业
2006	Johns	影响组织行为发生和意义的与环境相关的机会和限制因素	情境（Context）	组织
2007	Griffin	情境是赋予现象（事件、过程或实体）以特定条件的环境要素集	情境（Context）	组织
2007	Aldrich 和 Fiol	创业社会情境有组织内、行业内、行业间、制度四个层面	情境（Context）	创业
2007	Holt 等	创业的组织情境是组织内部促进创业行为的相关条件，主要体现在嵌入于组织文化的共同取向或倾向中	共同取向或倾向（Common Orientation or Propensity）	创业组织
2010	Edelman 和 Yli-Renko	创业环境则是一系列客观并可确定的条件	环境（Environment）	创业
2010	Colwell 和 Narayanan	制度情境是为特定环境下组织为了赢得合法性而必须遵循的准则和规范	制度情境（Institutional Context）	制度
2011	Welter	情境是在独立于现象的外部具有促进或制约作用的情形、条件、状况或者环境	（Circumstances, Conditions, Situations or Environments）	创业

资料来源：根据林嵩（2012）和本书研究整理。

由表2-5可以看出，情境概念在组织研究中最先得以开展和使用，用于研究组织外部影响因素和作用机制。Rousseau和Fried（2001）指出，在组织研究中经常将地理的、当下的、文化的等方面的因素置于设计、评估、实施、解释等方面的研究中，并提出"情境"（Context）一词来自拉丁语，意思是"链接在一起"或"形成联系"。

在创业领域的情境研究，最初和环境、背景、条件等因素概念没有清晰地区分，一开始是研究者为了纠正"低估外部因素的影响和高估内部或个人因素的影响"（Gartner，1995）而加以考虑，主要关注创业活动的重要区域条件或影响因素的影响。随着研究的不断深入，情境的概念范畴逐渐清晰，内涵也在不断发展。现在最为学界所认可的是学者Welter（2011）在已有的创业情境研究基础上提出的定义：情境是在独立于现象的外部具有促进或制约作用的情形、条件、状况或者环境（Circumstances, Conditions, Situations or Environments）。与创业环境、创业背景和创业气候相比，创业情境概念更为宽泛，不但强调区域层面不同要素对于创业活动的影响作用，而且更加关注要素之间的动态复杂关系。创业情境作为一个全新的管理学概念被提出，涉及特定区域创业的外部条件特征，是一系列与创业活动的产生和发展具有密切关系的要素组合。

采用情景化的分析方法，可以把研究企业运营相关的事实、事件、观点整合在一起，形成一个系统的整体，分析系统内部元素之间影响关系，解释不同地区、背景、时间维度下经济活动的多样性、多元化差异。

2.4.2 情境的构成维度

随着情境概念定义研究的不断深入，有关情境的构成维度也逐渐清晰。Gnyawali和Fogel（1994）在环境研究中提出，政府政策、社会经济、金融与非金融服务等方面是影响创业过程的关键环境因素。Fogel（2001）再次提出，创业环境包括金融支持、非金融支持、创业和商业技能、社会经济条件、创业活动相关政策和程序。百森商学院发起的全球创业观察研究GEM（Global Entrepreneurshiip Monitor）把创业环境分为金融支持、政府政策、政府项目支持、教育与培训、研发成果转化效率、商业和专业基础设施、进入壁垒、有形基础设施、文化和社会规范九个方面。2008年GEM修正了环境因素模型，包括金融支持、政府的创业扶持项目、创业教育与培训、研发转换、创业相关的商业和法律基础状况、进入壁垒六个方面。

Johns（2006）将组织情境分为两种——总括（Omnibus）和离散（Discrete），其中总括情境是指向何人、何事、何时、何地和为何等组织情境的宽泛层面，而离散情境是指组织任务、社会因素或物质条件等具体的情境变量。这一时期，有关环境、背景等区域创业研究大多采用离散情境视角，情境变量的选择方面也尽可能区分相互独立的不同区域因素。

Welter（2011）总结了大量有关情境构成维度的研究，提出社会情境、空间情境、制度情境三个情境构成维度。

（1）社会情境。社会情境主要引入"家庭"作为情境因素，面向家庭和家族嵌入性（Anderson, Jack & Drakopoulou Dodd, 2005; Carter, 2011），一些学者将家族企业作为一个系统加以研究（Habbershon, Williams & MacMillan, 2003）。创业者可以从社交网络和家庭或家族环境中获得资金、信息、员工、客户渠道以及情感上的鼓励和支持。

（2）空间情境。空间情境是社会情境和制度环境的桥梁，空间和地理环境因素对经济活动产生重要影响（Johannisson, Ramirez-Pasillas & Karlsson, 2002），早期的研究有社区创业（Haugh, 2007; Johannisson, 1990）、创业社区（Frederking, 2004; Welter, Trettin & Neumann, 2008）。高博（2008）在国内外高新技术开发区创业环境的比较研究中提出，创业环境的几个因素——政策环境（税收、财政补助）、金融环境（贷款、风险投资）、人才环境（技术人员比例）、基础设施、科研服务环境（孵化器）主要也是依托于空间情境的因素。地区空间的政治、经济、文化等差异是空间情境发生作用的机制。

（3）制度情境。有关制度情境，North（1990）将其分为正式制度和非正式制度。正式制度是指国家或地区的法律、法规等，是政治和经济相关的规则（例如市场准入制度），可以促进或限制领域内的创业机会，有关研究有Acs和Karlsson（2002），Shane（2003），Davidsson、Hunter和Klofsten（2006），Karlsson和Acs（2002），Klapper等（2009）；非正式制度是指以非正式形式存在的社会行为准则、价值观、文化等因素，影响企业的机会识别、机会开发、资源获取，有关研究有 Manolova、Eunni 和 Gyoshev（2008），Aidis、Estrin 和 Mickiewicz（2008）。

Welter（2011）的研究具有很强的综合性，具体区分了创业情境的构成维度，并且明确了创业情境构成维度之间不是简单的并列关系，为后续的实证研究奠定了理论基础。

另外，企业经营活动的外部因素分为宏观和行业两个层面，宏观层面常采用 PEST 模型来进行分析，即政治（Political）、经济（Economic）、社会（Social）和科技（Technological）。

本书有关情境因素构成维度，在 Welter、PEST 模型的基础上，结合中国情境具体情况，提出商业模式与企业绩效研究系统中情境因素包括以下几个方面：政治情境（Political）、制度情境（Institutional）、社会情境（Social）、地区情境（Regional）、综合情境（Comprehensive）。目前，已有大量研究充分验证了社会、文化、商业等因素对企业创业活动的影响，表明情境可以直接或间接地发挥影响作用（Whetten，2009），很多来自社会学、经济学、心理学、管理学学科的学者从不同视角，采用社会网络与社会资本理论、资源和能力理论、制度理论等不同理论来开展研究（张玉利等，2012）。

（1）政治情境因素。Krueger（1974）在研究寻租理论时指出，企业为了建立政治关联会付出时间、金钱等代价，然而一旦建立起联系，就会给企业带来政府补助、税收优惠等实际利益。这种理论是假设政治关联能够促进企业经营，从而正向影响企业绩效，但实际研究结果出现了多种结论，具体如表 2-6 所示。

表 2-6 政治情境对企业绩效影响研究

年份	学者	研究对象	政治情境因素	结论
1996	Beason 和 Weinstein	研究企业	财政补贴	财政补贴降低了企业的增长速度，还造成企业规模报酬递减
2000	Bergstrom	1987~1993 年瑞典政府补贴	财政补贴	初始年度的财政补贴能够促进企业的发展，以后年度的财政补贴给企业造成了负面效应

续表

年份	学者	研究对象	政治情境因素	结论
2004	Tzelepis 和 Skuras	希腊政府对企业	财政补贴	财政补贴不能改善企业的经营效率，但能改善企业偿债能力
2005	Khwaja 和 Mian	1996~2002 年巴基斯坦公司	政府背景	有政府背景的公司可以得到超过 45% 的贷款
2006	Faccio	研究企业	政治关联	有政治关联的企业能够在税收、银行融资等方面获得优惠，但业绩水平变差
2006	Christian	印度尼西亚企业	政治关系	政治关系加强了企业利用国内资金的能力，减少了国际资金带来的收益
2009	邓建平和曾勇	2002~2006 年民营上市公司	企业、实际控制人的政治关联程度	和企业经营绩效负相关
2009	Boubakri 等	27 个发展中国家和 14 个发达国家 245 家企业	政治关联	不具有政治关联的企业经营绩效更好
2009	吴文锋等	我国企业	高管是否有政府背景	有政府背景的公司在所得税适用税率和实际税率上都要显著低于没有政府背景的公司
2009	罗党论和刘晓龙	2004~2006 年 887 个民营上市公司	与政府的政治关系（有政府背景的董事比例）	政治关系越好，经济绩效（ROA、JROA、ROE）越显著
2010	李维安和邱艾超	民营企业	政治关联程度	政治关联程度和企业的市场绩效、财务绩效负相关
2010	肖浩和夏新平	1999~2001 年 334 个上市公司	政治关系	政治关系对企业的权益资本造成负面影响
2010	孙亮	2005~2008 年 A 股民营上市公司	实际控制人的政府背景	实际控制人的政府背景对企业价值没有显著影响，但受现金流与控制权的影响

续表

年份	学者	研究对象	政治情境因素	结论
2010	郑路航	我国A股上市公司	独立董事的政治关联程度	独立董事的政治关联程度与企业业绩显著正相关
2010	李志辉和段明明	2003~2007年制造业上市公司	产权属性	国有控股的股权结构与公司绩效负相关
2011	陈德富	2007~2009年小企业板机械设备行业企业	政治关系强度	强政治关系对企业绩效有负向影响
2012	周芳	2008~2010年947家A股民营上市公司	实际控制人政府背景	实际控制人政府背景与企业绩效显著正相关,且政府背景的级别(中央、地方)越高,企业绩效越好
2014	全蓉	2008~2012年深圳上市民营中小企业	政治关联	政治关联对企业绩效有积极影响,并对风险投资(持股5%以上股东,是风投企业的)与企业绩效(ROA和ROE)有调节作用
2014	汪骄阳	2007~2012年A股670家公司	政治关联、财政补贴	政治关联对企业绩效(ROA)产生显著的正向影响,两者的相关系数很低;财政补贴确实能够显著影响企业绩效
2014	林国琼	2005~2012年A股上市公司	产权性质	产权性质对总经理背景特征与企业绩效之间关系具有调节作用
2016	万伦来和郭冬亮	2013年中国民营上市公司	政府补助	政府补助对民营企业绩效具有影响,并且不同的区域影响有所不同

从表2-6可以看出,政治关联、产权性质、政府补助是研究政治情境对企业影响的主要参考因素。研究表明,这些因素能够直接影响企业获取资源、得到条件、开拓市场等方面的能力,给公司带来诸多优惠,但是政治情境因素对企业绩效的影响还存在较多的分歧甚至有相反的结论。出现这种情况的原因,一方面是因为研究者的研究对象、选取样本、研究目的、研究方

法的差异，比如"政治关联"是一个难以度量的变量，国内大部分研究采用企业家担任人大代表、政协委员、政府职务等不同级别的经历来给"政治关联强度"赋值的方法，欠缺理论依据。在企业实际经营中，非正式制度条件下产生的"实际政治关联强度"中存在着大量不可测因素、隐含因素，难以对这个概念进行精确度量。另一方面，更重要的是研究对象所处的综合情境不同，政治情境只是企业所处情境的一个因素，而影响特定企业绩效的因素是多方面的，研究者所关注情境范围的差异必然带来研究结论的不一致。

（2）制度情境因素。制度是人为设定的决定经济行为主体间相互关系的游戏规则，包括法律法规等正式制度和文化习俗等非正式制度（North，1990）。组织社会学则将制度定义为"受规章（Regulatory）、规范（Normative），以及文化认知（Culture-cognitive）制约的结构和活动，这些结构和活动使人们之间的社会行为具有意义"（Scott，1995）。

在制度与组织的关系上，目前已有研究大致分为两类：第一类是借用经济学对制度的测量，构建出制度测量指标，搭建国家制度环境与微观企业绩效间的宏观—微观联系，探讨制度环境与企业行为和绩效的关系；第二类是研究跨国公司在不同制度背景下的企业行为和绩效，通过对比差异，进行分析。

在中国的市场经济背景下，地区的法治程度、政府干预水平、产业政策、知识产权保护等方面对企业行为有重要的影响。

袁静和毛蕴诗（2012）考察了资产专用性和交易依赖性这两个交易特征对契约治理的影响，分析了产业环境和制度环境对交易特征与契约治理关系的调节作用。实证研究显示，产业环境不确定性正向地调节资产专用性与契约执行严格性的关系，而制度环境不完善性则能够正向调节资产专用性与契约条款复杂性的关系。

王文华等（2014）发现，金融市场化进程显著正向调节研发投资与企业绩效关系，地方政府干预对研发投资与企业绩效关系的调节作用呈倒 U 型。

高鹏华（2015）发现，政府干预不利于企业研发绩效的提高；产权保护可以积极促进企业研发绩效的提高；金融发展水平对研发绩效有积极的正向影响；政府干预水平低的地区，现金流越高对研发绩效的促进作用越显著；

产权保护水平高的地区，现金流越高对研发绩效的促进作用越显著；发展水平高的地区，现金流越高对研发绩效的促进作用越显著。

邹国庆（2015，2017）发现，制度环境的完善程度对管理者商业性社会资本于企业创新绩效的提升具有正向调节作用，而对管理者政治性社会资本于企业创新绩效的提升具有负向调节作用；制度环境在组织学习与创业导向的关系中起到正向调节作用，制度环境对创业导向的中介作用产生显著的调节作用。

（3）社会情境因素。社会关系是小型新创企业的重要资源（Davidsson & Honig, 2003；Greve & Salaff, 2003），社会情境中的家庭因素、社会资本、股权结构等因素具有重要影响。

1）家庭因素。家族企业在企业经营中比较普遍，世界范围内由家族所有或经营的企业占全球企业的比例在65%~80%，世界500强企业中约有40%的企业由家族所有或经营，中国创业板家族企业的比例为44.6%（2011年数据）。20世纪90年代，家族企业成为一个独立的研究领域（Bird & Welsch, 2002），研究主要集中在家族企业对企业的绩效影响、绩效比较以及影响作用机理。代表性研究成果如表2-7所示。

表2-7　家族企业对企业绩效影响研究

年份	学者	研究对象	绩效指标	家族企业与绩效关系
2003	Cronqvist 和 Nilsson	1991~1997年832家斯德哥尔摩公司	市场价值	负相关
2003	Anderson 等	标准普尔500指数企业	托宾Q、资产收益率、权益回报率	正相关
2004	Chrisman	1141家中小企业	销售增长率	无影响
2005	Jaskiewicz 等	德国和西班牙上市企业	投资回报率	负相关
2005	Zahra	美国209个家族企业	创业行为	无影响
2006	Maury	1996~2003年1672家西欧国家的上市公司	托宾Q、资产收益率	正相关

续表

年份	学者	研究对象	绩效指标	家族企业与绩效关系
2006	Fahlenbrach	1992~2002年标准普尔500、财富、福布斯、商业周刊中选取的2327家公司	企业价值	有条件正相关
2006	Choi等	2000~2004年韩国356家家族上市公司	市场价值	负相关
2006	Villalonga 和 Amit	财富500强企业	托宾Q、资产收益率	正相关
2007	Sraer 和 Thesmar	1998~2003年法国330家上市公司	绩效	正相关
2008	王文娟等	124家上市家族企业负债	托宾Q	正相关
			净资收益率	负相关
			企业成长性	无显著关系
2010	Zahra	美国制造型行业的779个家族企业	创业导向	正相关
2011	福布斯中文	截至2011年9月30日中国创业板企业	总资产回报率	明显优于非家族企业
2013	严昊	我国民营上市企业	经营绩效	负相关

从表2-7可以看出，国内外不同研究者、不同研究对象的家族企业与绩效关系具有明显不同的结论。Jaskiewicz 和 Klein（2005）对55篇有关家族企业（包括上市公司和非上市公司）研究的文献进行分析，结果显示，46%的研究认为家族企业绩效高于非家族企业，20%的研究认为两者之间的绩效没有显著差异，8%的研究认为家族企业绩效低于非家族企业，26%的研究认为是外部其他因素决定企业绩效。和政治情境研究情况类似，研究结论不一致的原因一方面来自研究对象、选取样本、研究目的、研究方法的差异，另一方面是其他情境因素的影响，也就是 Jaskiewicz 和 Klein 提到的"外部其他因素"。

家族企业因素同样具有情境性，正如朱建安等（2014）指出，中国的家族企业内生于中国政治和法律制度、社会文化以及经济结构的情境，会产生有别于西方家族企业的家族意愿和意图、非经济目标以及社会情感财富，从而影响家族企业的行为，所以家族企业因素是研究中国企业在所处社会情境中绩效表现的一个重要因素。

2) 社会资本因素。有别于企业物质资本和人力资本，企业社会资本是企业的一种资本类型，是能够反映企业各种社会关系的一种资源，利用这种社会关系资源，企业能够获得实际或潜在的利益。许多学者认为信任、规范和网络是企业社会资本的基本元素。

在社会情境方面，Aldrich 和 Fiol（2007）研究发现，社会情境对创业者既有制约，又给他们带来大量机会。利用好社会情境，创业者能够更好地获取信任、信誉和制度方面的合法性。

王福民（2013）在研究家族性资源、创业导向和企业绩效关系时，将家族性资源分为人力资源、组织资源、社会资源，这些资源对创业导向具有积极作用，并与创业导向整合在一起对企业绩效具有正向作用。这点可以作为家族企业促进企业绩效的一种机理解释，并从企业的社会资本视角对企业获取资源能力进行了解读。

李巍和许晖（2012）基于社会网络分析视角，研究了企业社会资本（结构维度、关系维度、认知维度）、市场知识能力以及企业的经营绩效之间的关系，发现企业社会资本对市场知识能力有显著影响，结构性企业社会资本对企业经营绩效有显著影响。

李佩亚（2012）构建了多元化的社会资本：政治社会资本（根据实际控制人性质）、金融社会资本（根据股东是否有银行）、市场社会资本（根据是否多元化经营）和地区层面社会资本（省级信任度）。实证分析结果表明，政治社会资本不利于企业绩效，而金融社会资本、地区层面社会资本均有利于企业绩效。

杜俊枢和郭毅（2014）把企业社会资本划分为纵向关系（企业法人是否在上级政府领导机关任过职）、横向关系（企业法人代表是否有在跨行业的其他企业的任职经历）和社会关系（企业法人的社会交往和联系是否广泛）

三个维度，企业横向关系维度对企业核心竞争力影响最大，其次是纵向关系维度，最后是社会关系维度。

从以上研究可以看出，单独针对企业社会资本的实证研究较少，而且社会资本的构成维度划分标准不一，概念比较模糊，一些维度内容和政治情境因素、地区情境因素具有重叠，而且没有一组客观可测量的数据能够准确反映这个因素，信任、规范和网络三方面的内涵可以分别用家族企业、地区情境、政治情境等因素加以替代，因此本书不选用社会资本指标作为社会情境因素。

3）股权结构因素。合理的股权结构不仅可以正向促进利益相关者积极经营，获取收益，而且可以制约经营者的经营决策，从制度上降低企业经营风险，因此股权结构与企业绩效关系一直是学者研究的热点。国内学者对股权结构与企业绩效关系的研究如表2-8所示。

表2-8 国内学者对股权结构与企业绩效关系的研究

年份	学者	研究对象	股权结构指标	股权结构与绩效关系
1997	许小年	上市公司	国有股比例	负相关
			法人股比例	正相关
1999	孙永祥和黄祖辉	上市公司	第一大股东的持股比例	倒U型关系（托宾Q）
2002	杜莹和刘立国	上市公司	股权集中度	倒U型关系（托宾Q）
			法人股比例	正相关
			国家股比例	负相关
2002	吴淑琨	1997~2000年上市公司	股权集中度、内部持股比例	倒U型相关
			第一大股东持股比例	正相关
			国家股比例	U型相关
2005	白重恩	上市公司	第一大股东持股比例	正U型关系
2009	汤发喜等	2007年677家制造业上市公司	股权集中度	股权集中型企业比制衡和分散型有更高的绩效
2010	李志辉和段明明	2003~2007年制造业上市公司	国有控股	负相关
			民营控股	U型曲线（托宾Q）

续表

年份	学者	研究对象	股权结构指标	股权结构与绩效关系
2010	顾广贤和王珂	2007年642家上市公司	股权集中度	不存在二次非线性关系
			股权集中度	股权集中类、股权制衡类优于股权分散类
2011	熊靖	创业板上市公司	第一大股东持股比例（0~50%）	正相关
			第一大股东持股比例超过50%	不规则变化
			高管持股比率	不相关
			国有股比率	不存在线性关系但存在一定的相关性
2012	牛春平	创业板企业	第一大股东持股比例、机构持股比例	不相关
			前五大股东持股比例、管理层持股比例	正相关
2013	严昊	2009~2011年652家家族企业上市公司	第一大股东持股比例	倒U型

表2-8显示，股权结构因素主要考虑国有股比例、法人股比例、第一大股东持股比例、股权集中度、管理层持股比例等指标，大部分研究发现了股权结构与企业绩效的非线性关系（U型或倒U型关系），这个结论表明存在最佳的股权结构。但无论线性还是非线性关系，在不同的研究中又有不同的结论，表明股权结构单一因素并不是企业绩效的决定因素。

（4）地区情境因素。有关区域要素对企业绩效、创业活动的影响自20世纪90年代开始就受到了广泛关注。Hansen（1990）指出，区域背景对于中小企业具有影响作用；Spilling（1996）认为，商业结构、社会文化结构、经济周期等创业气候的维度因素会对潜在的创业者、可能出现的创业机会产生影响；Dollar等（2002）研究发现，"地方治理"在"监管环境和基础设施"对"投资和生产力提高"中具有重要作用；Thorsten等（2005）通过研究45个国家企业数据发现，融资、法律和腐败等因素更容易对小企业的成长率产生影响，更容易对发展中国家企业产生影响；Krasniqi（2006）发现，中小企业成长的障碍主要来自环境壁垒（税收负担、不公平竞争、不适当的融资方式）；Carrere（2006）通过设置虚拟变量，采用 1962~1996 年 130 个国家的面板数据，分析指出区域协议显著增加了成员国之间的贸易；Qian 等（2008）认为，区域多元化对企业绩效同时具有线性和曲线关系，在一个数值点前，区域多元化和企业绩效呈正的线性关系，在数值点后则为负向的影响；Welter 和 Smallbone（2008）通过对乌兹别克斯坦的女性创业案例的分析，得出在当地传统的家庭性别角色规范下，制度和社会环境因素有助于解释为什么女企业家总是在通常的低增长和低收入的行业起家，同时指出，制度环境的缺陷也可以创造机会；Molina（2008）发现，工业园区内企业比园区外企业有更好的绩效，工业园区内企业间的绩效没有显著差异，为了解释个别公司业绩的差异，区域层面的资源和能力必须作为考虑的因素。

根据我国区域数据，国内学者也进行了不同区域因素对企业绩效的影响研究。郝臣（2006）构建了成长政策环境评估指数，通过对中国 23 个省份 309 家中小企业数据的实证研究，指出指数与企业绩效指标略呈正相关但相关系数不显著；高建等（2009）对 1996~2006 年 29 个地区的面板数据进行研究，发现人力资本、私人财富和失业是地区创业差异的重要决定因素，市场需求增长通过人口收入变化对创业产生影响；张峥（2011）研究指出，我国东北地区创业环境的动态性和敌对性分别能够调节公司创业导向与创业绩效的关系；郝敬鑫等（2010）指出，在控制了行业、公司、业务、国家等因素后，企业绩效还有一些因素没有得到解释，选择了中国 52 个城市 13 多万家规模以上工业企业进行实证研究，发现区域背景是影响企业绩效的重要变量，而且区域和行业交互项对企业绩效有显著影响（约占总效应的 10%），并且在对企业绩效影响的机制中，互为调节变量；郝敬鑫（2012）通过实证研究，证实了区域资源禀赋（区域人才、科技、区位、资本）、区域制度环境、区域开放度、区域品牌、区域产业集中度等区域要素对企业绩效的影响；刘丽（2013）基于新疆农产品加工企业的数据，进行了环境不确定性、关系治理与企业绩效关系的实证研究，结果表明，环境不确定性与企业绩效正相关，环境不确定性对关系治理与企业绩效的关系具有调节作用。

大量的已有研究肯定了具体的区域要素对企业绩效、创业活动、区域差异的影响，实证分析也验证了特定的区域文化、经济、制度、文化等方面的因素对企业的经营活动具有直接或间接的作用。

（5）综合情境因素。企业绩效的影响因素是多元化的，已有学者开始从系统的角度考虑多种有关政治、社会、行业、地区等方面的情境因素，综合分析情境因素对企业绩效的影响。郝敬鑫等（2010）发现，区域和行业交互项对企业绩效有显著影响（约占总效应的10%），而且在对企业绩效影响的机制中互为调节变量；王宇（2011）在制造业领域发现，家族企业的绩效高于非家族企业，而这一现象在批发零售业和社会服务业中不存在；汪杨（2013）指出，在家族企业外部社会资本中，横向关系（代表家族企业与供应商和客户的关系）对家族企业绩效的影响较大，而纵向关系（代表家族企业与政府的关系）和社会关系（代表家族企业与社团银行等金融机构的关系）对家族企业绩效的影响较小；陈凌和王昊（2013）认为，当存在经济发展的内生影响时，家族企业的家族涉入与制度环境之间存在着倒 U 型的关系，而控制经济发展的内生影响后，家族涉入与制度环境之间负相关，同时在制度环境水平较低时，家族涉入和政治联系这两种替代性机制存在着一定的正相关；翟淑萍等（2015）选择 2010~2013 年 A 股战略性新兴产业中 46 家高端装备制造企业，实证研究表明，环境不确定性显著促进企业创新投资强度提高和企业商业模式转变，并对商业模式转变与企业创新投资的关系起到负向调节作用；姜鹏飞等（2015）指出，民营企业发展所依托的外部情境呈现出区域分割性、行业发展不平衡性等特点，通过 2009~2012 年上市企业面板数据分析发现，政治关联强度对企业绩效具有正向影响，但受外在情境因素的影响，行业特征正向调节政治关联强度对企业绩效的影响，制度环境负向调节弱政治关联强度的作用，同时，制度环境削弱了行业特征的正向调节效应。

显然，中国情境下的政治、社会、区域、文化等差异使中国的企业经营活动面临着和其他国家企业截然不同的环境，例如企业的资源获取、进入壁垒、竞争秩序等中国特色因素会使中国的企业经营行为具有差异。同时，企业的绩效影响因素是多元复杂、动态变化的，一旦采用情境视角对企业经营活动进行分析，则不可避免地涉及多元素之间的交叉影响、复合作用，而且存在着不同元素之间的复杂作用关系，由此带来的情境因素对企业绩效的影响作用并不是简单、单向、静态的，而是复杂、多向、动态、非线性的，有关这方面的综合性、规律性研究还缺少理论以及实证方面的支持。

2.5 文献评述与小结

商业模式的概念是综合性、多元化、体系化的，在商业模式所涉及的诸多因素的复杂关系中，"价值创造"是商业模式的本质属性和核心内容。对商业模式内涵和构成要素的梳理，有助于准确描述商业模式的本质，深入理解企业的商业逻辑，为进一步研究商业模式分类、商业模式选择等实际应用打下理论基础。

随着商业模式概念研究的发展，商业模式分类研究经历了从单一维度到多维度的过程，商业模式分类所依据的指标也不断向着价值驱动要素演进。相关的实证研究表明，不同类型的商业模式对企业绩效产生影响。但现有商业模式分类研究中，一些分类比较笼统，概念区别度低，难以有效指导实践；另一些分类指标选取缺乏理论支撑，难以形成统一认知维度，给通过实证检验分类的有效性带来困难。因此，有必要对商业模式的分类进行更加系统和深入的研究。

已有研究充分验证了社会、文化、商业等因素对企业经营活动的影响，表明企业外部环境可以直接或间接地发挥影响作用。一些学者开始将商业模式、企业绩效和环境因素等企业经营系统中的综合因素统一考虑，研究各要素间的交互影响。近年来，一些学者开始采用情景化的分析方法，把企业运营相关活动形成一个系统的整体，分析系统内部元素之间的影响关系，解释不同地区、背景、关系维度下企业经济活动的多样性、多元化差异。

在中国情境下，不同的政治、社会、区域、文化等差异使中国的企业经营活动面临和其他国家企业截然不同的环境，例如企业的资源获取、进入壁垒、竞争秩序等因素会使中国的企业经营有别于西方企业的行为和效果。有关企业商业模式分类的更深入研究，以及中国情境下不同类型商业模式对企业绩效影响的综合性、规律性研究还缺少理论以及实证方面的支持。

3

商业模式分类研究

3.1 现有商业模式分类研究逻辑及特点

商业模式的分类研究作为商业模式研究的一个重要分支，是商业模式研究领域的一个难点。由于商业模式概念是在20世纪90年代末随着互联网的兴起而展开，因此早期商业模式研究多带有明显的网络特征。随着新技术的飞跃式发展，各种新信息、新元素层出不穷，商业模式所涉及的概念范围日趋广泛，想要建立一个放之四海而皆准的分类方法几乎难以实现。

同其他事物的分类法一样，商业模式的分类法不能也不应该是唯一的。但也同其他事物分类法一样，商业模式分类研究也应该是建立在清晰的研究目的基础上，提出的针对该研究目的的一套全面、实用、可信、稳定的分类体系。

在商业模式分类方面，目前国内外学者对商业模式的分类方法大致分为两类：一类是基于经验，通过案例归纳，列举出实际经营中已有的商业模式；另一类是基于逻辑推理，先确定商业模式的维度或构成要素，再根据这些维度或要素进行组合，形成不同类型的商业模式。本书在这两类商业模式分类方法基础上，根据这些分类研究的特点，将现有研究的商业模式分类方法归纳总结为三个类型：简单一维型、丰富一维型、多维组合型。

3.1.1 简单一维型

所谓简单一维型，就是将商业模式根据一个简单的、抽象的维度进行划分，这种分类法主要出现在互联网兴起初期商业模式分类研究中，出现在1998~2000年，大多的分类依据是与互联网有关的因素，一些典型的分类类型如：移植于真实世界的商业模式（Transplanted Real World Business Mode）、互联网自有的商业模式（Native Internet Business Mode）；基于产品销售（Product Sales）、基于服务销售（Service Sales）、基于信息交付（Information Delivery）；门户网站（Portal）、造市商（Market Maker）、产品或服务提供商（Product/Service Providers）等。

简单一维型商业模式分类的特点在于，分类方式是在互联网刚兴起时学者提出的简单、宽泛的分类方法，直接以实际出现的案例作为商业模式分类类型，类别划分大多只限于互联网行业，并不全面细致，实用价值不强。

3.1.2 丰富一维型

丰富一维型是在简单一维型的基础上，根据一个相对具体的维度进行商业模式的归纳、总结，尝试全面列举出已经出现的丰富多样的电子商务模式类型。这种分类方法是随着互联网技术的发展，为了适应现实中不断涌现出的新的商业模式而采用的方法。

一些典型的分类类型有：基于网络形式的门户网站（Portals）、代理人（Agents）、拍卖人（Auctions）、中间商（Aggregators and Other Intermediaries）、基础设施服务提供者（Shared Infrastructure）、虚拟社区（Virtual Community）、整合者（Value Net Integrator）、内容供应商（Content Provider）；基于交易方式的经纪人模式（Brokerage）、广告模式（Advertising）、信息中介模式（Infomediary）、商人模式（Merchant）、制造商模式（Manufacturer）、会员模式（Affiliate）、社区模式（Community）、内容订阅模式（Subscription）、公共设施模式（Utility）等。

丰富一维型分类方法是随着互联网在各行业领域的渗透不断发展的，学者们所提出的分类方法都在尽可能地追求覆盖全面，覆盖面越广的分类法在实际中便能越好地指导企业实践，在一定程度上突破了原有互联网商业模式的局限。但这种分类方法存在两个缺点：其一，这种基于经验的方法具有滞后性，由于新的模式层出不穷，互联网在各行业的发展程度和速度也不一致，这种分类方法无法总结，也不能预见不断出现的新模式；其二，这种分类方法没有统一明确的分类标准，具有较强的主观性，因此研究结果难以具有普遍适用性。

3.1.3 多维组合型

随着商业模式分类研究的深入，一些学者将视野集中在包括互联网和传统行业在内的通用的商业模式分类研究上，这些研究强调挖掘商业模式的本质要素，并在此基础上延伸出商业模式的分类维度，维度一般在两种以上，通过这些维度的组合，从逻辑上将商业模式进行分类，本书将此类型研究称为多维组合型。

3.1.3.1 多维组合型理论研究

多维组合型分类理论研究主要在于在理论上提出商业模式的不同分类维度，并在这些维度上加以组合，形成不同类的商业模式。在多维组合模式分类方法中，无论是基于具体行业还是基于通用行业的分类，分类维度的选择是核心因素。基于分类维度是商业模式本质的体现，不同学者从价值链、价值创造、价值网络、价值主张、价值实现等多个维度方面进行了分类研究的尝试，具有很强的逻辑性和一定的理论性。例如，Timmers（1998）基于价值链理论的分解组合、Tapscott（2000）的 B 网络、Dubosson－Torbay 等（2002）的分类方法属于此类。但此类研究有两点不足：一是一些研究分类维度过多，造成分类方法过于抽象复杂，没有提出具体的分类标准，在实际中难以理解和操作；二是一些研究仅停留在逻辑分类结果和案例分析上，并没有进行实证研究，造成实际数据对理论验证力度不够，分类方法的理论性得不到提高。

3.1.3.2 多维组合型实证研究

国内外学者对商业模式的分类实证研究较少，Amit 和 Zott（2008）最早使用美国和欧洲上市公司数据验证了商业模式和企业战略都能够影响企业绩效，且两者的匹配对企业绩效产生更显著的影响。Weill 和 Malone（2005）的研究也颇为经典，所提出的分类方式具有很强的创新性，经过多年的反复推敲完善，提出了商业模式维度划分依据，结合实证研究，具有很强的借鉴意义。国内学者在近年来开始实证研究，主要基于不同行业企业提出一种商业模式分类方法，验证商业模式是企业间绩效差异的驱动因素。

但从总体来看，国内外学者对商业模式的分类实证研究都相对较少，尚处于起步阶段，大都是采用先分类再展开实证研究的方法。由于商业模式概念还缺乏统一的、普遍适用的、系统的理论基础，因此商业模式分类的理论性有待提高；同时，实证方法大样本的调查统计范围广、数据多、难度大，所以大规模、大范围的实证研究屈指可数。但是商业模式的分类实证研究范围大多针对所有行业企业，不局限在互联网行业。且大量的实例数据统计提高了实证的可信度，采用实际案例数据分析，相对于简单罗列和描述型的商业模式分类对于企业更具有实际的指导作用。

因此，本书在以往国内外学者研究的基础上，尝试对商业模式的分类研究进行梳理，以研究商业模式与企业绩效关系为目的，对商业模式分类维度进行合理划分。

3.2 一种新的商业模式分类方法

3.2.1 分类标准

任何一个概念的分类，都需要遵循一定的分类标准，从而使类型严谨有效，本书对商业模式进行分类时遵循了 Scott（1981）组织类型学的一套相关标准：

（1）分类应该完全穷尽、互相排斥。不同类别的模式应该组合成全部的模式集合，同时各类别间的模式不存在交叉。需要特别说明的是，本书不排斥一些企业具有多重商业模式，比如一些企业具有多种业务，不同的业务对应的商业模式可能不同。

（2）分类应具有效度。首先是分类方法应该具有聚合效度，即尽管在对实际企业进行商业模式分类时需要一定程度的主观判断，但不同的人在获得相同的信息情况下，应该采用同样的方式对相同的企业进行分类。其次是分类应具有区别效度，即商业模式分类应该区别于"企业战略""行业"等概念的分类。

（3）分类应该直观、简练。随着技术、经济的快速发展，商业模式面临着层出不穷的不确定性，商业模式分类指标需要具备理论基础和实用性，体现为指标需要直观易懂、简练有效。

3.2.2 分类维度选择

商业模式从本质上讲是企业的价值创造的逻辑，本书基于商业模式内涵中的价值创造（Value Creation）视角，认为商业模式是企业为顾客创造价值，实现股东及伙伴等利益相关者价值的工具。因此，商业模式的分类维度应该以"价值创造"为核心。基于此，本书提出了两个维度的商业模式分类：第一个维度主要考虑企业提供的产品/服务的价值创造环节，在这个维度上把商业模式分为研究开发者、生产加工者、营销商；第二个维度主要考虑产品/服务的价值提供形式，在这个维度上把商业模式分为实物、人力、金融、信息、平台市场。

3.2.2.1 价值创造环节

企业经营的价值链可以认为是一条价值增加的链条（Value-added Chain），价值创造是商业模式的本质和核心。Porter（1985）将"研究与开发"定义为价值增加的支持性活动；Zott和Amit（2010）认为，价值创造视角的研究有利于增进对商业模式的动态性、系统性认知。"研究开发"是价值增加链条的起点，从古至今，林林总总的各种发明创造、技术创新、管理创新、模式创新等研究开发活动都是价值创造的第一个环节。

价值增加的第二个环节是"生产加工"，无论是实物资产还是智力劳动成果，有形物品还是无形信息，都需要经过生产加工制造的过程。大部分的研究开发也都含有加工制造的流程，这里指的"生产加工"环节，指的是代为实现"研究开发"成果的过程，是企业实现产品/服务增值的其中一个环节。除了实物产品加工，还有智力活动等无形成果，比如设计、方案、专利、策划等的实现过程。显然，这些过程也是价值增加的重要环节。

价值增加的第三个环节是"营销"。营销是面对市场取得价值的最终环节。商业的本质即是交易,营销是促成交易、产品价值获取的直接方式。本书把租赁、经纪人、中介服务的概念都纳入营销的范畴,将"销售"和"租赁"的概念归为一个大类,因为租赁、经纪人和中介服务虽然不是实现产品/服务的所有权交易,却同样是运用资源、工具和渠道,促成交易,使产品/服务获得价值的方法,这点与销售产品/服务无异。

以上价值创造维度划分依据与以往研究文献概念一致,表3-1是基于价值创造环节的商业模式三种类型及描述。

表3-1 价值创造环节商业模式类型

类型	描述
研究开发	以研究开发为主要增值环节
生产加工	通过生产、加工以实现"研究开发"成果
营销	销售、租赁产品/服务,获取市场价值

需要特别说明的是,"营销"环节涉及每一个企业,指的是其产品/服务的价值的主要增加环节体现在一系列的基础工作(如市场研究、营销网络、营销信息等)和操作性工作(如广告、推广活动、公共关系)而实现销售和产品/服务增值的环节。本书根据"只认定主要特点"的原则,将商业模式进行排他的分类,即一个企业的某个价值增加活动,在价值创造环节只属于其中一种模式。

通过价值创造环节,本书将商业模式类型分为以下三种:

(1)研究开发。研究开发指在自己所处行业进行新产品、新服务的创造,通过技术、管理、运营等环节的创新,创造出具有竞争力的产品/服务。尽管研究开发者在很多情况下会自行进行生产加工和营销活动,但其产品/服务的主要增值环节体现在研发。大多数科技企业、新兴行业属于这一类型。

(2)生产加工。生产加工的主要增值环节在于通过购买原材料、生产工具对产品/服务进行制造的过程。这里对生产加工者的界定是自己本身不进行或很少进行研究开发,仅通过外接订单或采用没有过高技术门槛的手段进行的产品/服务制造过程。部分工业企业、资源类企业、OEM代工企业属于这一类型。

（3）营销。营销通常通过宣传、运输、渠道网络、对产品/服务重新包装或提供服务来产生附加值。这里的产品/服务可以是先购买后销售，也可以是租赁、仅销售使用权（不改变所有权）或者销售中介服务，促成买家和卖家交易（中介、经纪人）。大多零售、中介服务企业属于这一类型。

3.2.2.2 价值提供形式

价值提供形式是指企业提供产品/服务的具体形式。随着人类社会技术、经济的发展，工业革命、信息技术革命的创新推动，人们提供产品/服务的形式也在不断拓展。针对现有商业中存在的产品/服务形态，本书将这种形式分为了五种：实物、人力、金融、信息、平台。

（1）实物形式是历史最久、最常见的产品形式，这里既包括资源性产品（如煤、水、石油等），也包括生产加工产生的产品（粮食、汽车、电脑等）。

（2）人力形式包括人的时间、体力、智力、经验等，服务业的大多数价值提供形式属于这一类。

（3）金融形式包括现金、股票、债券、期货单、保单等。

（4）信息形式的内涵相对丰富，既包括提供信息的内容（如软件、新闻、数据、文献、知识等），也包括知识产权（专利、版权、商标等），还包括品牌、形象、口碑等其他具有价值的信息。

（5）平台形式的概念历史悠久，但直到互联网的快速发展，市场平台的特殊价值才得以充分体现。在本书中，市场平台作为一个商业模式类型，是交易的买方、卖方之外的第三方，主要提供针对交易的服务，一般不参与交易本身。平台的主要盈利模式在于：一是通过提供交易平台，向买方或卖方收取服务费、交易费、进场费等费用；二是通过提供利于买方、卖方交易的服务（如为促成交易的物流、资金流、信息流方面的服务），向买方、卖方或其他第三方收取费用。

将价值创造环节和价值提供形式两个维度加以交互，价值创造的不同环节与价值提供形式相搭配，产生十种商业模式类型，如表3-2所示。

表 3-2 基于价值创造—价值提供形式二维度的商业模式分类方法

商业模式分类维度		产品/服务的价值创造环节		
		研究开发	生产加工	营销
产品/服务的价值提供形式	实物	实物设计开发者	实物生产商	实物销售商
	人力	培训教育提供者		服务商
	金融	金融产品提供者		金融产品销售商
	信息	信息提供者		信息销售商
	平台	平台提供者		

3.2.3 十种商业模式分类

基于以上分类维度，本书产生的十种商业模式的含义和解释如下：

（1）实物设计开发者。实物设计开发者以实物产品的设计开发为企业的主要增值环节。虽然很多这种类型的企业包括生产加工和销售环节，但企业立足市场的根本在于其实物产品的设计开发环节，大多数提供高新技术产品的企业属于这一类型，在本书中，将提供高新技术产品的企业归为这一类型的商业模式。此类型企业如华为、大疆等。

（2）实物生产商。实物生产商通过采购生产工具、设备，雇用生产操作人员，进行不要求研发能力的实物产品的生产、加工。本书中将资源开采加工、大宗商品生产的生产型企业归为这一类型。此类型企业如富士康、中国石化等。

（3）实物销售商。

1）销售商，购买并出售实物产品。本书把零售商、贸易企业归为这一类型。此类型企业如沃尔玛、汽车 4S 店等。

2）租赁商，购买并租赁实物产品。需要特别说明的是，一些服务业务需要通过专用设备、场地才能够实现，如航空运输、生活娱乐、医疗、住宿等行业，这些行业的主要增值点在于专用设备、场地的提供（租赁）。此类型企业如中国移动、中国国航等。

（4）培训教育提供者。这一类型商业模式企业主要以产生人力（体力、智力、经验）增值为经营目的，主要经营内容为培训、教育，包括线上、线下、职业、技能等不同类型。此类型企业如新东方、蓝翔等。

（5）服务商。服务商主要指提供人力服务，包括服务业、咨询业、提供解决方案，实物、金融、信息产品销售的配套服务，通过提供人力资源（体力、智力、经验）实现经营增值的商业模式类型。一些企业在提供产品时提供配套的解决方案，即属于此类型。服务商包括两种类型：

1）结合所销售产品进行的有关产品使用、维护、安装等方面的服务；

2）直接提供的人力资源服务。

（6）金融产品提供者。金融产品提供者主要指银行、证券、债券、保险、贵金属、期货、彩票等金融产品的设计提供者。此类型企业如银行、保险等。

（7）金融产品销售商。金融产品销售商指金融产品代理销售机构，包括各类型金融产品经纪人，如券商的证券发行业务、银行贷款业务、保险经纪人、彩票销售等。

（8）信息提供者。信息提供者指软件、新闻、文献、知识产权、域名、品牌、中介信息等信息产品/服务的提供者。此类型企业如微软、出版社等。

（9）信息销售商。信息销售商指信息产品代理销售机构。

（10）平台提供者。平台提供者的盈利增值模式在于提供一个交易、信息、展示的平台，平台的价值在于吸引注意力（Weill & Malone, 2006），然后将注意力出售给广告商。本书没有将平台商业模式区别于无形资产（信息）销售商，主要考虑到"吸引力"的产生，即平台的建设（包括内容设计、技术实现、商务销售各环节）是这一模式的核心价值，其价值产生的来源不仅在于信息的销售，而是平台服务的提供。因此，本书将这一模式作为一个独立的商业模式加以提出。此类型企业有百度、阿里巴巴、网易等。

可以看出，不同类型的商业模式清楚地说明了公司如何创造收入以及公司在价值链中的定位（Rappa, 2003），同时这种分类方式达到了Scott组织类型学的相关标准。例如，类型反映了直观的概念，同时现存的企业商业模式都能在这两个维度上互相排斥地找到对应的位置。

3.3 样本选择及商业模式划分

本书选取创业板417家企业作为实证研究样本，采用2013年12月31日的截面数据进行统计。根据上市公司的年报信息，针对企业的具体业务，在两个维度上对企业的具体商业模式进行类别划分。在分类过程中，需要解决两个问题：

（1）分类的可靠性。由于分类依据是公司年报中业务构成等文字性描述，分类不可避免地具有一定的主观性。为确保评估一致性，研究随机抽取了50家公司，并在分类中开展了评分者间信度分析。分析结果显示，92%的商业模式被归为同类，Cronbach's α系数为0.99，因此证实不同评分者所采用分类标准的一致性。

（2）商业模式组合。研究中发现，很多公司具有多种类型业务，因此具有两种及两种以上的商业模式，这时需要在不同的商业模式类型之间进行收入分配。首先根据年报统计信息对这些业务进行分类，大部分企业年报中具有明确的说明。其次还有一些企业缺乏对业务的详细说明，为此本书根据行业信息和互联网上关于该企业和业务的信息说明进行了分类。对于采用这种方式进行企业业务商业模式分类的情况，本书选择了两种处理方式：

1）将企业收入在这些商业模式中进行平等分配。

2）在所收集到信息有指向性的情况下，将全部收入归为有指向性的商业模式。为了说明这些分类方式，表3-3列举了天泽信息、亿通高科、卫宁软件的具体分类情况。

表3-3 商业模式分类实例

代码	公司名称	主营业务	营业收入（万元）	商业模式类别
300209	天泽信息产业股份有限公司	运营服务	3015.83	服务商
		车载信息终端及配件	2891.47	实物设计开发者
		软件	2127.51	信息提供者
300211	江苏亿通高科技股份有限公司	计算机、通信和其他电子设备制造业	10720.31	实物销售商

续表

代码	公司名称	主营业务	营业收入（万元）	商业模式类别
00253	上海金仕达卫宁软件股份有限公司	软件销售	20729.80	信息提供者
				信息销售商
		硬件销售	9527.39	实物销售商
		技术服务	4625.53	服务商

从表3-3中可以看出，天泽信息的商业模式分类比较清晰，其主营业务运营服务、车载信息终端及配件、软件分别对应的商业模式类型为服务商、实物设计开发者、信息提供者。

而亿通高科的主营业务类型虽然是计算机、通信和其他电子设备制造业，但分析其企业信息，主营业务是主要从事广播电视设备制造、基于有线网络的视频监控（安防），此类业务技术门槛不高，且在公司已有的17项专利中有11项是外观设计专利。另外，有关信息报道中多次提到"公司视频监控业务有望受益于政府购买服务""政府购买服务，利好视频监控业务""利润增长低于预期的主要原因是营业外收入主要是政府的补助大幅下降引起"等。因此，将亿通高科提供价值的增长因素主要归为政府关系及销售渠道，商业模式类型为"实物销售商"。

卫宁软件中的软件销售业务主要为医疗信息化业务、医院信息管理系统，具有较高技术含量，公司具有研发优势。同时，公司主要定位于三甲以下的中小医院，走产品化路线以达到全国快速复制的目的，具有较强的市场开拓能力。所以，公司的价值增加主要体现在技术软件的研发/服务以及全国市场的快速拓展，因此将软件销售业务分为两种商业模式：信息提供者、信息销售商。

通过对创业板417家企业商业模式进行分类，共分为720个商业模式，得到统计信息如表3-4所示。

表 3-4　创业板企业商业模式类型统计

商业模式分类维度		产品/服务的价值创造环节			所占比例（%）
		研究开发（个）	生产加工（个）	营销（个）	
产品/服务的价值提供形式	实物	176	196	144	71.7
	人力	0		131	18.2
	金融	0	0	0	0
	信息	43		19	8.6
	平台		11		1.5
	合计				100

数据表明，在创业板企业商业模式中，基于实物的价值创造类型占据了最大比例；其次是基于人力的"服务商"，也有较高份额；而其他类型的商业模式比例较低。这说明我国创业板企业中，大多数企业属于第二产业，第三产业所占比例不高。同时，在十种商业模式中，创业板企业商业模式类型有七种，具体分布如图 3-1 所示。

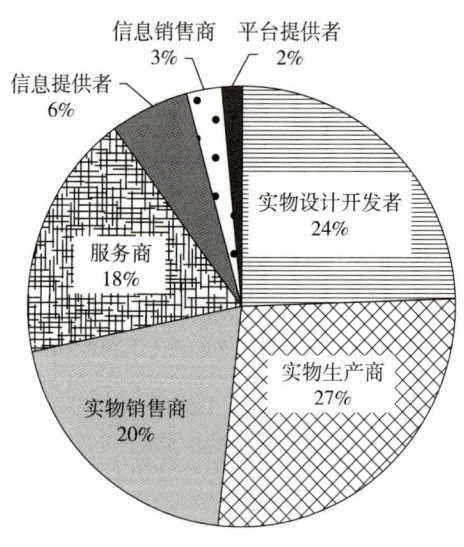

图 3-1　创业板企业商业模式类型分布

另外，在统计的创业板 417 家企业中，具有一种商业模式的企业有 201 家，具有两种商业模式的企业有 179 家，具有三种商业模式的企业有 34 家，具有四种商业模式的企业有 3 家,说明大部分创业板企业的商业模式选择比较聚焦,多模式经营的企业比例不高。

3.4 本章小结

本章总结了国内外学者基于经验和基于逻辑推理的两种对商业模式的分类方法,并根据商业模式分类研究的特点,将现有研究的商业模式分类方法归纳总结为三种类型:简单一维型、丰富一维型、多维组合型。通过分析三种类型的特点,指出商业模式分类研究中,具有较强理论基础的实证研究较为欠缺。

然后本章以企业绩效评价为目的,基于商业模式的价值创造视角,根据"价值创造环节"和"价值提供形式"两个维度,提出一种新的商业模式分类方法,将企业商业模式分为实物设计开发者、实物生产商、实物销售商、培训教育提供者、服务商、金融产品提供者、金融产品销售商、信息提供者、信息销售商、平台提供者十种类型,并选取了创业板 417 家企业作为实证研究样本,将企业商业模式类型加以划分。

本书提出的商业模式分类方法使商业模式类型更加精确地反映了企业在价值链和市场中的定位,为后续进一步研究不同商业模式类型间企业的绩效指标差异、分析商业模式对绩效的影响机理提供了基本的理论依据和可行方法。

4

商业模式与企业绩效关系研究

4.1 商业模式类型与企业绩效关系

为了验证商业模式分类的有效性,即不同类型的商业模式在企业绩效指标上的表现是否具有显著差异,需要用到方差分析(Analysis of Variance, ANOVA)。方差分析通过检验多个总体的均值是否相等,来判断分类自变量对数值因变量是否有显著影响。当分类型变量只有一个时,采用单因素方差分析(One-way Analysis of Variance)。当样本满足"总体服从正态分布且方差相等"的条件时,方差分析过程如下:

构造检验统计量F:

$$F = \frac{MSA}{MSE} \sim F(k-1, n-k) \qquad (4-1)$$

其中, $MSA = \dfrac{\text{组间平方和}}{\text{自由度}} = \dfrac{SSA}{k-1}$ \qquad (4-2)

$$MSE = \frac{\text{组内平方和}}{\text{自由度}} = \frac{SSE}{n-k} \qquad (4-3)$$

进行统计决策时,根据显著性水平 α,在F分布表中查找分子自由度 $df_1 = k-1$、分母自由度 $df_2 = n-k$ 相应的临界值 $F_\alpha(k-1, n-k)$。

若 $F > F_\alpha$,则拒绝原假设 $H_0: \mu_1 = \mu_2 = \mu_k$,表明 μ_i ($i=1, 2, \cdots, k$) 之间有显著差异,检验的因素对观测值有显著影响。若 $F < F_\alpha$,则不拒绝原假设 $H_0: \mu_1 = \mu_2 = \mu_k$,没有证据表明 μ_i ($i=1, 2, \cdots, k$) 之间有显著差异。

当样本"总体服从正态分布且方差相等"的条件不能满足时,可使用多个独立样本的 Kruskal-Wallis 检验。Kruskal-Wallis 检验是用于检验多个与总体是否相同的一种非参数检验,要求从总体中抽取的样本必须是对立的,然后将所有样本的值混合在一起看成是单一样本,再把这个单一的混合样本中值从小到大排序,序列值替换成秩值,最小的值给予秩值 1。将数据样本转换成秩样本后,再通过构造统计量 KW,对这个秩样本进行方差分析。

$$KW = \frac{组间平方和}{全体样本的秩方差} \quad (4-4)$$

其中,组间平方和 $= \sum_{i=1}^{k} n_i \left(\frac{R_{i.}}{n_i} - \frac{n+1}{2} \right)^2 \quad (4-5)$

全体样本的秩方差 $= \frac{1}{n-1} \sum_{i=1}^{k} \sum_{j=1}^{n_i} \left(R_{ij} - \frac{n+1}{2} \right)^2 \quad (4-6)$

其中,k 为样本组; n_i 为第 i 组样本中的观察数;n 为所有样本中的观察总数;$R_{i.}$ 为第 i 组样本中的秩和;R_{ij} 为第 i 组样本中的第 j 个观察值的秩值。

因此,对于不同类型商业模式绩效的分析,采用图 4-1 的流程进行。

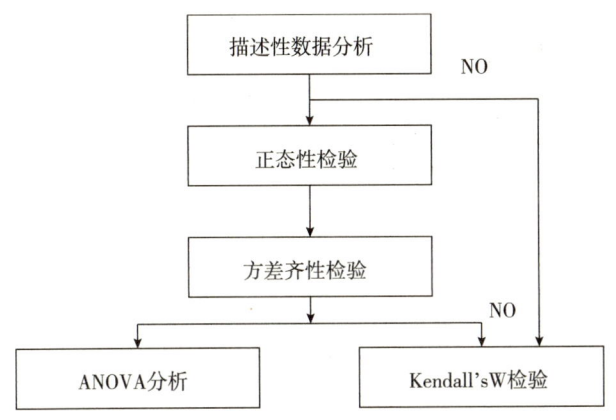

图 4-1 均数比较流程

为了研究本书分类方法产生的商业模式和企业绩效的关系,本书将 417 个样本中的 201 个具有单一类别的商业模式企业进行商业模式与财务绩效关系分析。当满足方差齐性条件时,采用单因子方差分析;不满足方差齐性条件时,使用 Kruskal-Wallis 检验。对财务绩效指标的分析中,选取盈利能力、运营能力、成长能力、偿债能力四个方面进行分析。

4.1.1 单因素方差分析

首先进行方差齐性检验，各项绩效指标方差齐性检验结果如表 4-1 所示。

表 4-1 商业模式类型—绩效指标方差齐性检验

绩效	指标	Levene 统计量	df_1	df_2	显著性
盈利能力	加权净资产收益率	1.171	5	195	0.325
	主营业务利润率	6.081	5	195	0.000
	毛利率	11.375	5	195	0.000
	总资产报酬率	1.919	5	195	0.093
运营能力	总资产周转率	4.128	5	194	0.001
	存货周转率	5.591	5	188	0.000
	固定资产周转率	5.375	5	195	0.000
成长能力	营业收入3年增长率	12.124	5	184	0.000
	净利润3年增长率	1.349	5	184	0.246
	总资产3年增长率	1.990	5	184	0.082
偿债能力	流动比率	3.124	5	195	0.010
	资产负债率	3.085	5	195	0.011
	产权比率	8.028	5	195	0.000

表 4-1 数据表明，加权净资产收益率、总资产报酬率等四个指标的数据在 0.05 的显著性水平上满足方差齐性，可以进行方差分析，分析结果如表 4-2 所示。

表 4-2 商业模式—绩效指标单因素方差分析

绩效指标		平方和	df	均方	F	显著性
加权净资产收益率	组间	2315.921	5	463.184	4.386	0.001
	组内	20594.053	195	105.611		
	总数	22909.974	200	—		
总资产报酬率	组间	1431.038	5	286.208	5.058	0.000
	组内	11034.047	195	56.585		
	总数	12465.085	200	—		

续表

绩效指标		平方和	df	均方	F	显著性
净利润3年增长率	组间	479478.009	5	95895.602	6.107	0.000
	组内	2889352.738	184	15703.004		
	总数	3368830.747	189	—		
总资产3年增长率	组间	395797.452	5	79159.490	3.746	0.003
	组内	3888748.711	184	21134.504		
	总数	4284546.163	189	—		

数据表明，其中4个指标的p值<0.05，拒绝原假设，表明不同商业模式企业的加权净资产收益率、总资产报酬率、净利润3年增长率、总资产3年增长率不全相等。

$R^2 = \dfrac{\text{组间平方和}}{\text{总平方和}}$，用以表明分类自变量和数值因变量之间关系强弱。计算得：

加权净资产收益率 $R^2 = 10.1\%$，商业模式类型对加权净资产收益率的影响效应占到总效应的10%；

总资产报酬率 $R^2 = 11.5\%$，商业模式类型对总资产报酬率的影响效应占到总效应的11.5%；

净利润3年增长率 $R^2 = 14.2\%$，商业模式类型对净利润3年增长率的影响效应占到总效应的14.2%；

总资产3年增长率 $R^2 = 9.2\%$，商业模式类型对总资产3年增长率的影响效应占到总效应的9.2%。

4.1.2 独立样本Kruskal-Wallis检验

对于方差齐性检验Sig.值<0.05的指标，表明数据在0.05的显著性水平下不满足方差齐性，不可以进行方差分析，故采用KW检验，分析结果如表4-3所示。

表 4-3　商业模式—绩效指标的独立样本 Kruskal-Wallis 检验

绩效指标	原假设	Sig.	决策者
主营业务利润率	主营业务利润率的分布在商业模式类型类别上相同	0.000	拒绝原假设
毛利率	毛利率的分布在商业模式类型类别上相同	0.000	拒绝原假设
总资产周转率	总资产周转率的分布在商业模式类型类别上相同	0.208	保留原假设
存货周转率	存货周转率的分布在商业模式类型类别上相同	0.000	拒绝原假设
固定资产周转率	固定资产周转率的分布在商业模式类型类别上相同	0.000	拒绝原假设
营业收入 3 年增长率	营业收入 3 年增长率的分布在商业模式类型类别上相同	0.002	拒绝原假设
流动比率	流动比率的分布在商业模式类型类别上相同	0.003	拒绝原假设
资产负债率	资产负债率的分布在商业模式类型类别上相同	0.014	拒绝原假设
产权比率	产权比率的分布在商业模式类型类别上相同	0.012	拒绝原假设

注：Sig. 显示渐进显著性，显著性水平是 0.05。

表 4-3 结论表明，除了总资产周转率，其余指标的分布在商业模式类型类别上显著不同，即商业模式对主营业务利润率、毛利率、存货周转率、固定资产周转率、营业收入 3 年增长率、流动比率、资产负债率、产权比率等指标具有显著影响。

4.1.3　多重比较及均值比较分析

单因素方差分析和 KW 检验验证了商业模式分类在部分企业绩效指标的有效性，即不同类别的商业模式在一些绩效指标上具有显著差异。但 F 值和 Sig. 值显著，不能具体判断两两处理平均数间的差异。为了区别不同具体的商业模式类型在不同企业绩效指标间是否具有显著差异，本书采用最小显著差数法（Least Significant Difference，LSD）和独立样本检验的成对比较来对不同类型商业模式的企业绩效指标间成对差异性进行分析。具体步骤如下：

在 F 检验显著的前提下，先计算出显著水平为 α 的最小显著差数 LSD_α，然后将任意两个处理平均数的差数的绝对值 $|\bar{x}_{i.}-\bar{x}_{j.}|$ 与其比较。若 $|\bar{x}_{i.}-\bar{x}_{j.}| > LSD_\alpha$，则 $\bar{x}_{i.}$ 与 $\bar{x}_{j.}$ 在 α 水平上差异显著；反之，则在 α 水平上差异不显著。

最小显著差数由式（4-7）计算：

$$LSD_\alpha = t_{\alpha(df_e)} S_{\bar{x}_{i.}-\bar{x}_{j.}} \tag{4-7}$$

其中，$t_{\alpha(df_e)}$ 为在 F 检验中误差自由度下，显著水平为 α 的临界值，$S_{\bar{x}_{i.}-\bar{x}_{j.}}$ 为均数差异标准误，由式（4-8）计算：

$$S_{\bar{x}_{i.}-\bar{x}_{j.}} = \sqrt{2MS_e/n} \tag{4-8}$$

其中，MS_e 为 F 检验中的误差均方，n 为各处理的重复数。

对于满足方差分析条件的绩效指标，LSD 多重比较结果如表 4-4 所示。不满足方差分析条件的绩效指标，采用独立样本多重比较，结果如表 4-5 所示。

表 4-4 商业模式类型—企业绩效 LSD 多重比较

商业模式		加权净资产收益率		总资产报酬率		净利润 3 年增长率		总资产 3 年增长率	
(I) 商业模式类型	(J) 商业模式类型	均值差（I-J）	显著性	均值差（I-J）	显著性	均值差（I-J）	显著性	均值差（I-J）	显著性
1	2	6.92227*	0.000	5.419*	0.000	88.16*	0.000	7.5711	0.778
	3	10.00173*	0.017	6.266*	0.041	93.57	0.068	21.704	0.714
	5	1.83306	0.405	1.9957	0.216	-7.973	0.774	-88.6*	0.006
	8	1.07745	0.809	-2.885	0.377	-72.99	0.219	-20.28	0.768
	10	-1.75589	0.639	-1.118	0.683	-24.84	0.607	-142.5*	0.012

续表

商业模式		加权净资产收益率		总资产报酬率		净利润3年增长率		总资产3年增长率	
(I) 商业模式类型	(J) 商业模式类型	均值差 (I-J)	显著性	均值差 (I-J)	显著性	均值差 (I-J)	显著性	均值差 (I-J)	显著性
2	1	-6.92227*	0.000	-5.42*	0.000	-88.157*	0.000	-7.5711	0.778
	3	3.07946	0.446	0.84771	0.774	5.41240	0.913	14.1334	0.805
	5	-5.08922*	0.009	-3.4228*	0.016	-96.130*	0.000	-96.216*	0.001
	8	-5.84483	0.179	-8.3038*	0.010	-161.15*	0.006	-27.855	0.677
	10	-8.67816*	0.017	-6.5361*	0.014	-113*	0.016	-150.08*	0.006
3	1	-10.0017*	0.017	-6.2662*	0.041	-93.57	0.068	-21.704	0.714
	2	-3.07946	0.446	-0.84771	0.774	-5.4124	0.913	-14.133	0.805
	5	-8.16868	0.053	-4.2705	0.167	-101.54	0.050	-110.35	0.067
	8	-8.92429	0.120	-9.1515*	0.030	-166.56*	0.024	-41.988	0.622
	10	-11.7576*	0.024	-7.3838	0.053	-118.41	0.070	-164.2*	0.030
5	1	-1.83306	0.405	-1.9957	0.216	7.97311	0.774	88.645*	0.006
	2	5.08922*	0.009	3.42279*	0.016	96.1302*	0.000	96.2161*	0.001
	3	8.16868	0.053	4.27049	0.167	101.543	0.050	110.350	0.067
	8	-0.75561	0.867	-4.8810	0.139	-65.017	0.277	68.3611	0.324
	10	-3.58894	0.344	-3.1133	0.262	-16.870	0.730	-53.864	0.342
8	1	-1.07745	0.809	2.88526	0.377	72.9896	0.219	20.2839	0.768
	2	5.84483	0.179	8.30376*	0.010	161.147*	0.006	27.855	0.677
	3	8.92429	0.120	9.15146*	0.030	166.559*	0.024	41.9884	0.622
	5	0.75561	0.867	4.88097	0.139	65.0165	0.277	-68.361	0.324
	10	-2.83333	0.601	1.76768	0.656	48.1467	0.501	-122.22	0.142
10	1	1.75589	0.639	1.11758	0.683	24.8429	0.607	142.509*	0.012
	2	8.67816*	0.017	6.53608*	0.014	112.999*	0.016	150.08*	0.006
	3	11.75762*	0.024	7.38378	0.053	118.412	0.070	164.213*	0.030
	5	3.58894	0.344	3.11329	0.262	16.8698	0.730	53.8636	0.342
	8	2.83333	0.601	-1.7677	0.656	-48.147	0.501	122.225	0.142

表 4-5 商业模式类型—企业绩效独立样本多重比较

商业模式类型比较	调整显著性							
	主营业务利润率	毛利率	存货周转率	固定资产周转率	营业收入3年增长率	流动比率	资产负债率	产权比率
1-2	0.000	0.000	0.003	0.056	0.411	0.002	0.024	0.021
1-3	0.092	0.516	1.000	1.000	1.000	1.000	1.000	1.000
1-5	0.030	0.007	0.000	1.000	1.000	0.041	0.058	0.047
1-8	1.000	1.000	0.022	1.000	1.000	1.000	1.000	1.000
1-10	1.000	1.000	0.000	0.010	0.624	1.000	1.000	1.000
2-3	1.000	1.000	1.000	0.027	1.000	1.000	1.000	1.000
2-5	0.001	0.003	1.000	0.000	0.024	1.000	1.000	1.000
2-8	0.001	0.001	1.000	0.063	1.000	1.000	1.000	0.994
2-10	0.039	0.024	0.074	0.000	0.019	1.000	1.000	1.000
3-5	1.000	1.000	1.000	1.000	1.000	1.000	1.000	1.000
3-8	0.154	0.606	1.000	1.000	1.000	1.000	1.000	1.000
3-10	1.000	1.000	0.765	1.000	1.000	1.000	1.000	1.000
5-8	0.379	0.275	1.000	1.000	1.000	1.000	0.903	0.857
5-10	1.000	1.000	0.831	0.287	1.000	1.000	1.000	1.000
8-10	1.000	1.000	1.000	1.000	1.000	1.000	1.000	1.000

分析结果表明，一些商业模式同其他商业模式在绩效指标上区别显著，如实物生产商；一些商业模式同其他商业模式在部分绩效指标上区别显著，如实物设计开发者、实物销售商、信息提供者、平台提供者；还有一些商业模式同其他商业模式在大多数绩效指标上的区别都不显著，如服务商。

多重比较判断出不同商业模式的绩效指标间的差异是否显著，但未指出差异的大小，为了进一步明确差异信息，选择绩效各指标均值进行比较分析，具体如表4-6~表4-9所示。

4.1.3.1 盈利能力

表 4-6　商业模式—盈利能力均值比较　　　　　　　　单位：%

商业模式类型	加权净资产收益率	主营业务利润率	毛利率	总资产报酬率
实物设计开发者	13.4174	49.7602	51.8570	11.0001
实物生产商	6.4952	22.3489	23.9856	5.5816
实物销售商	3.4157	26.2042	31.8443	4.7339
服务商	11.5844	35.2616	35.9327	9.0044
信息提供者	12.3400	52.1450	53.9183	13.8853
平台提供者	15.1733	48.1478	55.4400	12.1177
总计	9.6077	33.5713	35.4157	8.0578

从描述性统计结果来看，不同类型的商业模式在企业绩效的不同指标上表现及分布都不相同。在均值方面，"信息提供者""平台提供者""实物设计开发者"的各项盈利能力指标要高于其他商业模式类型，排名领先；而"实物生产商"和"实物销售商"则在各项指标中都处于排名的最后位置。

4.1.3.2 运营能力

表 4-7　商业模式—运营能力均值比较

商业模式类型	总资产周转率	固定资产周转率	存货周转率
实物设计开发者	0.5280	9.7853	2.5516
实物生产商	0.6345	3.2018	4.2751
实物销售商	0.6660	17.4505	3.7450
服务商	0.6143	13.3719	282.7365
信息提供者	0.6417	18.5935	19.0835
平台提供者	0.9489	24.9742	31.4435
总计	0.6209	8.7463	58.3090

从表 4-7 可以看出，不同类型的商业模式总资产周转率数据差异并不显著，与表 4-3 分析结果一致。在均值方面，"平台提供者""信息提供者""实物销售商"商业模式的固定资产周转率排名领先，"实物生产商"商业

模式排名最低;"服务商""平台提供者""信息提供者"的存货周转率排名领先,"实物设计开发者""实物生产商""实物销售商"商业模式固定资产周转率均值都较低;对于"存货周转率"服务商排名第一,信息提供者、平台提供者等非实物经营企业的数值也较高。

4.1.3.3 成长能力

表 4-8 商业模式—成长能力均值比较
单位：%

商业模式类型	营业收入3年增长率	净利润3年增长率	总资产3年增长率
实物设计开发者	111.2660	65.3584	144.2697
实物生产商	75.2212	-22.7987	136.6987
实物销售商	102.2972	-28.2111	122.5652
服务商	122.0757	73.3315	232.9147
信息提供者	107.3676	138.3480	164.5536
平台提供者	308.8578	90.2013	286.7784
总计	104.6201	25.6419	164.2266

从统计结果看,几乎所有类型商业模式企业在营业收入和总资产3年增长率方面基本都在100%以上(除了实物生产商的营业收入3年增长率在75%),其中,"平台提供者"表现最为突出,营业收入3年增长率约达到308.9%,总资产3年增长率约达到286.8%,在两项指标中均排名第一。在净利润3年增长率方面,各类型企业表现明显不同,"信息提供者"约以138.3%排名第一,而"实物生产商"和"实物销售商"均以低于-20%的速度的负增长排名垫底。

4.1.3.4 偿债能力

表 4-9 商业模式—偿债能力均值比较

商业模式类型	流动比率	资产负债率	产权比率
实物设计开发者	9.6286	21.1733	0.3202
实物生产商	3.8043	29.6307	0.5148
实物销售商	3.6398	31.1581	0.9478
服务商	3.8201	30.3420	0.5570

续表

商业模式类型	流动比率	资产负债率	产权比率
信息提供者	4.0862	17.8009	0.2178
平台提供者	8.2926	29.8443	0.6000
总计	5.3731	27.5078	0.4879

从统计结果看，流动比率方面，"实物设计开发者""信息提供者""平台提供者"商业模式企业具有较高的短期偿债能力；而"实物生产商"和"实物销售商"偿债能力排名靠后。在资产负债率和产权比率方面，"信息提供者"均值显著低于其他类型商业模式企业，排名最后。

4.2 商业模式与企业绩效关系回归模型

本章前面的研究验证了不同类型商业模式在绩效指标上的差异，但这种差异背后是否还存在商业模式与绩效指标数值上的函数关系？在假设不同类型商业模式为自变量，企业绩效指标为因变量的基础上，将不同类型商业模式设为虚拟自变量 BM_1，BM_2，BM_3，…，BM_{10}，如果企业有这种商业模式则 BM_i 取 1，没有则取 0。将企业绩效指标设为变量 P，则根据企业绩效不同指标建立的回归模型为：

$$P = \beta_0 + \beta_1 BM_1 + \beta_2 BM_2 + \beta_3 BM_3 + \cdots + \beta_{10} BM_{10} + \sum CV + \varepsilon \quad (4-9)$$

其中，β_0，β_1，β_2，…，β_p 为回归系数，CV 为控制变量，$\varepsilon \sim N(0, \delta^2)$。具体地，将行业因素（Indu）、企业规模（Size）、企业年龄（Age）作为控制变量，不同绩效指标回归结果如表4-10所示。

表4-10 商业模式虚拟变量—企业绩效回归分析

指标	ΔR^2	R^2	调整后的 R^2	标准估计的误差	Durbin-Watson	方差			
						df_1	df_2	F	Sig.
盈利能力									
加权净资产收益率	0.045	0.405	0.374	7.84751	1.730	21	392	12.728	0.000

续表

指标	ΔR²	R²	调整后的R²	标准估计的误差	Durbin-Watson	方差			
						df₁	df₂	F	Sig.
主营业务利润率	0.272	0.405	0.373	14.19091	1.994	21	392	12.707	0.000
毛利率	0.270	0.406	0.374	14.42053	1.992	21	392	12.738	0.000
总资产报酬率	0.048	0.353	0.318	6.39801	1.371	21	392	10.165	0.000
运营能力									
总资产周转率	0.042	0.266	0.227	0.27123	1.885	21	392	6.761	0.000
固定资产周转率	0.034	0.294	0.256	14.98032	2.101	21	392	7.766	0.000
存货周转率	0.021	0.346	0.309	296.6681	2.038	21	392	9.49	0.000
成长能力									
营业收入3年增长率	0.046	0.180	0.133	103.3031	2.117	21	369	3.861	0.000
净利润3年增长率	0.045	0.247	0.204	112.6169	2.047	21	369	5.767	0.000
总资产3年增长率	0.003	0.203	0.158	144.2159	1.198	21	369	4.482	0.000
偿债能力									
流动比率	0.038	0.068	0.018	8.59424	1.939	21	392	1.357	0.135
资产负债率	0.034	0.238	0.197	14.13367	1.874	21	392	5.822	0.000
产权比率	0.016	0.231	0.190	0.42843	1.743	21	392	5.622	0.000

由表4-10可知，除流动比率外，各项绩效指标回归方程显著。

本书采用方差膨胀因子（VIF）检验变量之间是否存在多重共线性。一般认为当0<VIF<10时，不存在多重共线性，本书模型的VIF在1.01~2.97，因此判定本书解释变量之间不存在多重共线性。通过残差图判断异方差性，将本书模型中解释变量为横坐标，残差为纵坐标得到散点图是随机分布的，因此判定不存在异方差问题。因此，本书模型满足线性回归模型基本假定，其中各绩效指标回归模型系数汇总如表4-11所示。

表4-11 商业模式—企业绩效回归模型系数

变量	加权净资产收益率	主营业务利润率	毛利率	总资产报酬率	总资产周转率	固定资产周转率
Constant	23.709***	46.325***	47.246***	18.020***	0.847***	15.272***

续表

变量	加权净资产收益率	主营业务利润率	毛利率	总资产报酬率	总资产周转率	固定资产周转率
Size	1.469E-005***	2.326E-006	2.365E-006	8.890E-006***	8.919E-008	1.054E-005
Age	-4.086***	-2.253***	-2.294***	-2.910***	-0.066***	-2.540***
BM_1	2.597**	10.076***	10.207***	2.339***	-0.070**	0.032
BM_2	-2.549**	-12.197***	-12.414***	-1.693*	-0.001	-3.891*
BM_3	-0.431	2.988*	2.935	-0.314	-0.068**	0.841
BM_5	-2.275*	-3.547	-3.489	-2.249*	-0.074	-5.802**
BM_8	1.747	14.811***	14.554***	1.680	-0.051	-10.738***
BM_9	-0.924	7.832*	8.154	-0.976	-0.097	8.155*
BM_{10}	3.482	13.864***	14.993***	1.833	0.145	-5.770
Indu	Yes	Yes	Yes	Yes	Yes	Yes

变量	存货周转率	营业收入3年增长率	净利润3年增长率	总资产3年增长率	资产负债率	产权比率
Constant	-30.970***	83.558***	74.699**	321.466***	33.198***	0.647***
Size	4.259E-005	0.000291***	0.000324***	0.000223***	5.480E-005***	1.571E-006***
Age	2.353	-2.500	-22.780***	-44.449***	-2.981***	-0.087***
BM_1	-39.620	-3.120	30.551**	12.783	-4.754**	-0.100*
BM_2	-80.961**	-36.507*	-38.299**	-49.309**	-0.001	-0.021
BM_3	-50.417	-5.084	5.045	12.354	-1.098	-0.019
BM_5	95.327*	-13.476	-17.205	-2.984	1.983	-0.014
BM_8	-33.932	0.935	28.179	-0.552	-8.964**	-0.223**
BM_9	58.368	11.622	1.980	59.756	1.266	0.013
BM_{10}	37.898	120.255***	13.417	23.105	-2.897	-0.105
Indu	Yes	Yes	Yes	Yes	Yes	Yes

注：① BM_i 表示商业模式类型 i；② * 表示 $p<0.1$，** 表示 $p<0.05$，*** 表示 $p<0.01$，表中系数为非标准化系数。

可以看出，商业模式类型针对企业盈利能力、运营能力、成长能力、偿债能力的各项指标均存在显著的线性回归关系，说明基于本书提出的商业模式分类方法，能够在一定程度上解释企业间绩效的差异性。

4.3 商业模式与企业绩效关系研究结论与分析

4.3.1 商业模式类型单因素影响

分析结果表明,商业模式分类在一些绩效指标上的影响效果显著。综合表4-3、表4-4结论,得到商业模式类型单因素对不同企业绩效指标的影响结果汇总如表4-12所示。

表4-12 商业模式类型单因素对企业绩效指标影响汇总

指标类型	指标	商业模式影响是否显著
盈利能力	加权净资产收益率	√(10.1%)
	主营业务利润率	√
	销售毛利率	√
	总资产报酬率	√(11.5%)
运营能力	总资产周转率	×
	固定资产周转率	√
	存货周转率	√
成长能力	营业收入3年增长率	√
	净利润3年增长率	√(14.2%)
	总资产3年增长率	√(9.2%)
偿债能力	流动比率	√
	资产负债率	√
	产权比率	√

在盈利能力方面,从表4-12中可以看出,不同类型商业模式企业在四项盈利能力指标上差异都是显著的。从表4-6数据得到商业模式—盈利能力各项指标均值如图4-2所示。

不同商业模式企业盈利能力的不同可以通过商业模式的分类依据加以解释:分类维度之一是"产品/服务的价值创造环节",处在不同的"产品/服务的价值创造环节"的企业,其价值增加的额度不尽相同。这点与宏碁集团

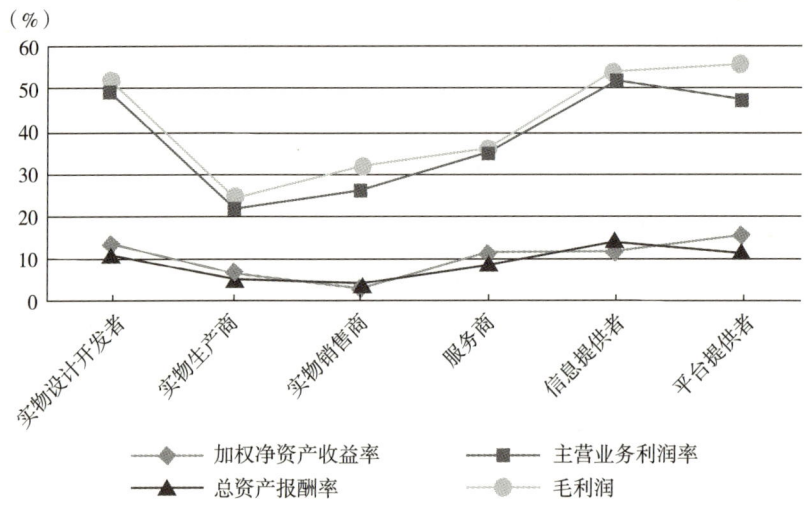

图 4-2　商业模式类型—盈利能力均值

创始人施振荣在《再造宏碁》一书中提出的"微笑曲线"理论内涵一致：不同的企业处于提供产品的不同阶段，在提供产品过程中的上游阶段，比如提出新产品概念、技术研发等环节，和下游阶段，比如塑造品牌、营销和售后服务等环节，具有较高的门槛和不可替代性，为产品创造较高的附加值；而在生产过程的中间生产加工阶段，技术门槛较低，具有较高的可替代性，因此具有较低的附加值。"信息提供者""平台提供者""实物设计开发者"都包含有产品/服务的设计环节，"平台提供者"更是集成了平台服务的销售服务环节，因此占据了微笑曲线的两端，具有更高的盈利能力。这也解释了"实物生产商"盈利能力偏低的现象。

不同商业模式企业盈利能力的不同的另一个解释是"产品/服务的价值提供形式"的差异，在实物、人力、金融、信息、平台这五个形式中，实物是最早出现、最直观的价值形式，同时相对其他几种类型也是门槛和附加值相对较低的价值形式，这可以作为解释"实物销售商"的盈利能力低于"服务商""信息提供者"和"平台提供者"的依据之一。

在运营能力方面，从表 4-7 数据得到商业模式—运营能力各项指标均值如图 4-3 所示。

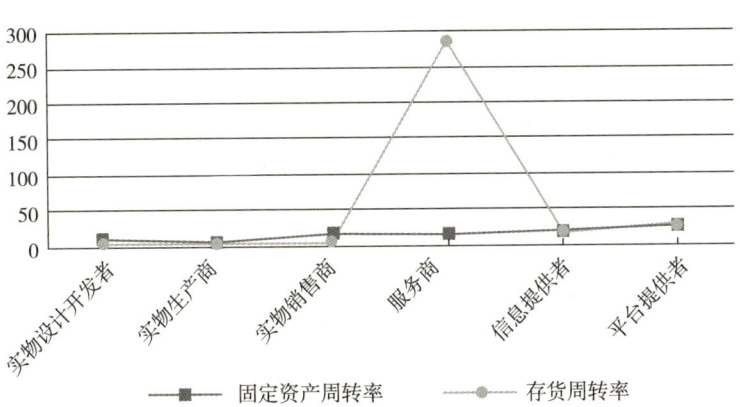

图 4-3 商业模式类型—运营能力均值

固定资产周转率是营业收入和平均固定资产净值的比值，从收入数据可知，在营业收入方面只有"实物生产商"模式同其他商业模式类型具有显著差异，因此固定资产周转率差异的解释主要在于平均固定资产净值。"平台提供者""信息提供者""实物销售商"商业模式的企业所从事的企业价值创造与提供不需要大规模的固定资产，属于轻资产型企业，具有较低的固定资产净值，因此具有较高的固定资产周转率；而"实物生产商"属于生产型企业，需要相对更大规模的厂房、设备等固定资产，在营业收入差异不大的前提下，固定资产周转率则相对较低，从数据还可看出，"实物生产商"模式的固定资产周转率标准差为2.24，数值也是最低，说明这种低固定资产周转率的现象在"实物生产商"类型商业模式中比较普遍。

存货周转率是销货成本和平均存货余额的比值，反映存货的周转速度。"服务商""平台提供者""信息提供者"因为价值物的提供形式不是实物，具有相对较低的存货，所以具有较高的存货周转率。特别是"服务商"，因为价值提供形式是专业服务，不存在物品交易，因此存货周转率的均值高达282.7，远高于其他类型商业模式企业均值；但"服务商"模式的存货周转率标准差高达1155，远高于其他商业模式类型的标准差，说明此类型商业模式的存货周转率在企业间的差异较大。而"实物设计开发者""实物生产商""实物销售商"类型商业模式的价值提供物都是实物，企业运营过程中都存在存货问题，因此相对"服务商""平台提供者""信息提供者"而言具有较低的存货周转率。

综上所述，在运营能力方面，不同类型商业模式的资产组成形式、运营模式方面都具有较大差异。本书的分类维度之一"产品/服务的价值提供形式"即是这种差异的体现，因为不同类型商业模式企业在运营过程中所需要的固定资产、存货等运营指标方面也都具有明显不同，所以可以解释实证分析结果：固定资产周转率、存货周转率在不同类型的商业模式企业之间具有显著差异。分析结果同时表明，商业模式类型对总资产周转率的影响并不显著，这可能是因为总资产周转率是综合反映企业整体资产的运营能力，除了商业模式还有其他主要因素的影响，同时总资产运营能力并不是本书商业模式分类维度的差异体现，即总资产运营能力和"产品/服务的价值提供形式"与"产品/服务的价值创造环节"关系并不显著。

在成长能力方面，从表4-8数据得到商业模式—成长能力各项指标均值如图4-4所示。

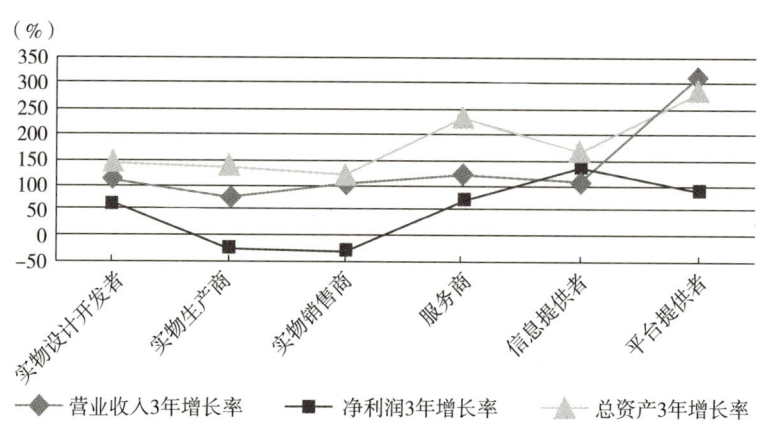

图4-4　商业模式类型—成长能力均值

从数据中可以看出，大部分企业保持了良好的成长性，各类型商业模式企业在营业收入和总资产方面3年增长率基本都在100%以上（除了实物生产商的营业收入3年增长率在75%），在中国信息化进程加速、"互联网+"、移动互联网规模性普及的时代背景下，"服务商""信息提供者""平台提供者"在各项成长性指标上都显示出了强劲的增长能力，说明"产品/服务的价值提供形式"与"产品/服务的价值创造环节"是企业增长率差异的重要影响因素。特别是"平台提供者",作为相对较新的商业模式类型,具有更强的资源整合、市场开拓、获取价值的综合能力,得以在营业收入和总资产成长性方面排名第一(营业收入3年增长率达到308.9%,总资产3年增长率达到286.8%)。反观"实物生产商"和"实物销售商",在中国经济增长放缓、出口放缓、需求减弱的宏观经济影响下,尽管在营业收入和资产规模方面仍然有所增长,但在净利润方面产生了大幅下滑,实物生产商"和"实物销售商"均以低于-20%的速度的负增长排名垫底,企业规模的扩张没有改变亏损的局面,说明"实物生产商"和"实物销售商"商业模式类型企业因为企业提供价值物的附加值偏低,其盈利能力及成长性受宏观经济影响敏感性最高。

在偿债能力方面,从表4-9数据得到商业模式—偿债能力各项指标均值如图4-5所示。

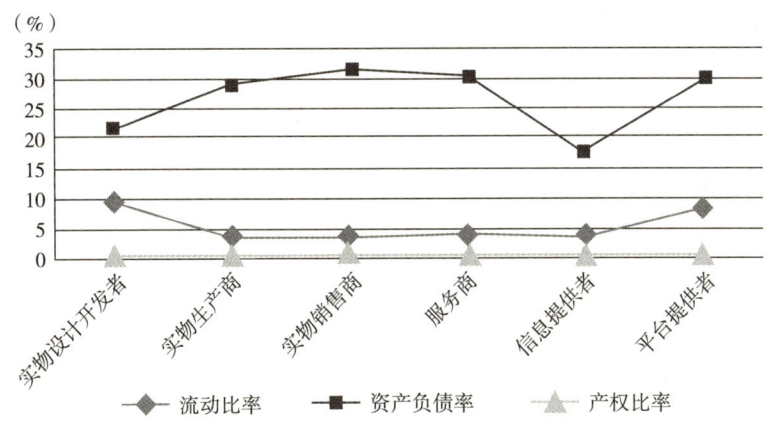

图4-5 商业模式类型—偿债能力均值

从统计结果看,在流动比率方面,能够提供高附加值产品服务的"实物设计开发者""平台提供者"商业模式企业具有较强的变现能力,因此具有较高的短期偿债能力;而"实物生产商"和"实物销售商"模式因为附加值较低,偿债能力也排名靠后。值得注意的是,"实物设计开发者"模式的流动比率标准差为20.9,远高于其他类型模式,说明"实物设计开发者"类型企业间的流动比率指标差异较大。另外,"实物销售商"的资产负债率和产权比率指标的标准差都远高于其他类型商业模式,说明"实物销售商"类型企业间的偿债能力指标具有较大差异。在资产负债率和产权比率方面,"信息提供者"均值显著低于其他类型商业模式企业,排名最后,在资产总额差异不显著的前提下,说明"信息提供者"类型企业负债较低,原因主要在于:"信息提供者"主营业务主要是提供特定行业的软件开发服务,由于提供价值物的特点,相对其他类型商业模式企业对借贷负债以扩张经营的需求并不显著,因此具有较低的资产负债率和产权比率。

为了直观显示不同类型商业模式绩效指标差异,选择加权净资产收益率、固定资产周转率、净利润3年增长率、资产负债率作为简化指标分别代表企业的盈利能力、经营能力、成长能力、偿债能力。根据已有数据得到雷达图,如图4-6所示。

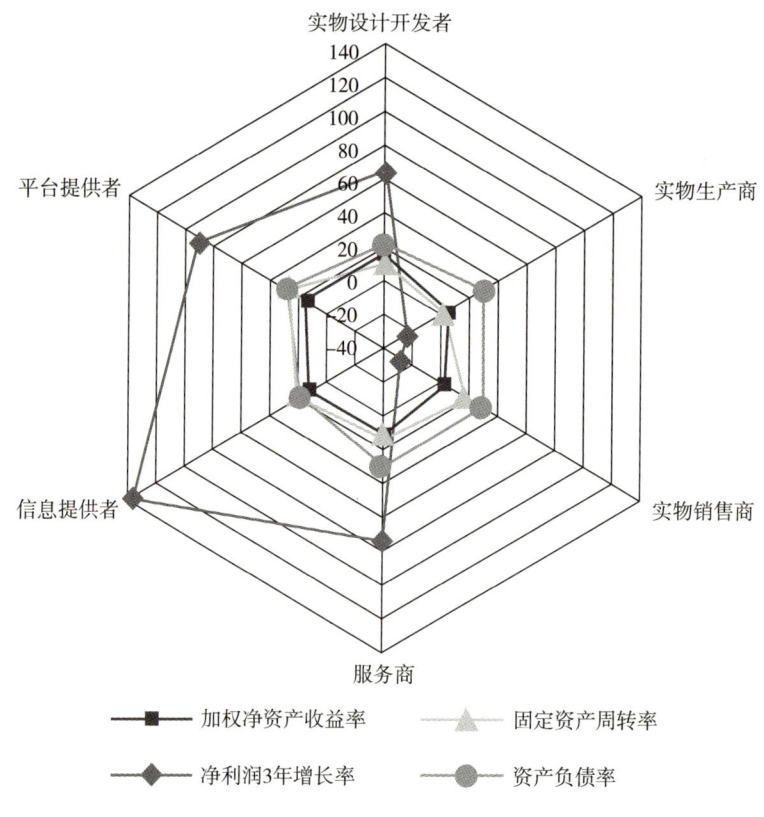

图4-6 不同类型商业模式企业绩效能力雷达图

从图 4-6 可以直观地看出不同类型商业模式在各绩效指标上的表现，在此基础上能更好地理解商业模式的本质。商业模式的核心是企业的"价值创造"。企业所处"价值创造"的不同"环节"和"价值创造"的不同"形式"以及两者的组合，给企业间在绩效的不同方面带来了差异，本书正是在这个基础上，提出了一种新的商业模式分类方法。

本书采用的商业模式分类维度中，"产品/服务的价值提供形式"是企业提供价值主张的体现，"产品/服务的价值创造环节"是企业的内部结构、能力、资源等用以实现这一价值主张并产生可持续性盈利收入的体现，这两者正是商业模式内涵的核心内容，也正是商业模式作用于企业绩效影响机理的解释因素，本书的实证分析也证实了商业模式的差异对企业的盈利能力、运营能力、成长能力、偿债能力等方面诸多与"价值创造"相关的指标具有直接的显著影响。特别地，"实物设计研发者""信息提供者""平台提供者"的盈利能力要高于其他模式的企业；"平台提供者"在成长能力、运营能力方面高于其他模式企业；"实物生产商"则在各项指标上的表现均较低。而商业模式对与"价值创造"本质关系不密切的指标上的区分效果并不明显。

4.3.2 商业模式类型回归影响分析

将表 4-10 和表 4-11 中商业模式类型显著项进行整理，得到表 4-13。

表 4-13 商业模式类型—企业绩效回归显著项汇总

指标	BM_1	BM_2	BM_3	BM_5	BM_8	BM_9	BM_{10}	ΔR^2
加权净资产收益率	2.597	-2.549		-2.275				4.5
主营业务利润率	10.076	-12.197	2.988		14.811	7.832	13.864	27.2
毛利率	10.207	-12.414			14.554		14.993	27.0
总资产报酬率	2.339	-1.693		-2.249				4.8
总资产周转率	-0.070			-0.068				4.2
固定资产周转率		-3.891			-10.738	8.155		3.4
存货周转率		-80.961		95.327				2.1

续表

指标	BM_1	BM_2	BM_3	BM_5	BM_8	BM_9	BM_{10}	ΔR^2
营业收入3年增长率		-36.507					120.26	4.6
净利润3年增长率	30.551	-38.299						4.5
总资产3年增长率		-49.309						0.3
资产负债率	-4.754				-8.964			3.4
产权比率	-0.100				-0.223			1.6

由表4-13可以看出：

（1）基于本书的商业模式分类方法，在商业模式类型与企业绩效指标的回归分析中，商业模式类型和绩效各项指标存在显著的线性回归关系，说明本书提出的商业模式类型与企业的盈利能力、运营能力、成长能力、偿债能力具有线性函数关系。

（2）在回归关系显著的方程中，虚拟变量BM_2、BM_1在一半以上的方程中回归系数显著，说明"实物生产商""实物设计开发者"模式对关系显著的大部分企业绩效指标都具有影响；特别是虚拟变量BM_2在12个显著的回归方程中的9个都具有显著影响，且BM_2的回归系数均为负数，说明回归影响比较显著且影响关系为负向作用，即"实物生产商"商业模式负向影响企业的盈利能力、经营能力、成长能力，进一步验证了"实物生产商"作为"低价值创造环节"和"低价值提供形式"对企业整体绩效起到了拉低作用；商业模式BM_1则对企业盈利能力指标、净利润3年增长率具有显著正向影响，验证了"实物设计开发者"商业模式处于"高价值创造环节"的盈利优势。

（3）商业模式BM_9、BM_{10}在盈利能力方面表现最为突出，对"主营业务利润率"和"毛利率"中的正向作用最大。原因在于："信息提供者""平台提供者"商业模式同时处于"高价值创造环节"和"高价值提供形式"，所从事的研发、服务等是企业经营的高附加值活动，因此具有更高的价值获取能力，方程回归系数均为正且数值较大验证了这种正向显著作用，也进一步验证了本书分类方法的有效性。

（4）回归关系中商业模式类型对主营业务利润率和毛利率的解释作用最大，主营业务利润率 $\Delta R^2 = 27.2\%$、毛利率 $\Delta R^2 = 27.0\%$，根据式（4-9）及回归方程系数得到商业模式—主营业务利润率和商业模式—毛利率的回归模型如式（4-10）和式（4-11）所示：

$$\hat{P} = 46.325 + 10.076 BM_1 - 12.197 BM_2 + 2.988 BM_3 - 3.547 BM_5 +$$
$$14.811 BM_8 + 7.832 BM_9 + 13.864 BM_{10} +$$
$$2.3 \times 10^{-6} Size - 2.253 Age + \alpha Indu \tag{4-10}$$

$$\hat{P} = 47.246 + 10.207 BM_1 - 12.414 BM_2 + 2.935 BM_3 - 3.489 BM_5 +$$
$$14.544 BM_8 + 8.154 BM_9 + 14.933 BM_{10} +$$
$$2.4 \times 10^{-6} Size - 2.294 Age + \alpha Indu \tag{4-11}$$

从各方程的解释力度看，在包含控制变量、商业模式自变量情况下，影响作用最大的绩效指标主营业务利润率 $R^2 = 37.4\%$，影响占比不到 40%，说明除了商业模式类型这一企业内化影响因素外，还有其他重要影响因素影响着企业的绩效。在这其中，企业所处的外部环境、情境因素具有普遍存在性和广泛的研究意义，将在下一章进行深入的分析。

4.4 本章小结

本章通过单因素方差分析和独立样本检验证实了商业模式类型对不同企业绩效指标的影响差异，验证了本书提出的商业模式分类方法的有效性。具体地，商业模式的类型差异对企业绩效具有显著影响，"实物生产商"商业模式同其他商业模式在绩效指标上的区别显著；"实物设计开发者""实物销售商""信息提供者""平台提供者"商业模式同其他商业模式在部分绩效指标上的区别显著；"服务商"商业模式同其他商业模式在大多数绩效指标上的区别都不显著。特别地，商业模式"信息提供者""平台提供者"在企业绩效各项指标中均具有较高数值，"实物生产商"和"实物销售商"的各项指标均较低。

　　进一步将不同类型商业模式设为虚拟自变量，通过回归分析发现，商业模式类型与企业绩效指标存在线性函数关系，"实物生产商""实物设计开发者"模式对大部分企业绩效指标都具有影响，其中"实物生产商"模式负向影响企业各项指标；"信息提供者""平台提供者"模式对企业盈利能力指标正向影响最大。由此本书得出商业模式类型对盈利能力指标（主营业务利润率、毛利率）影响最为显著的结论，并通过商业模式的两个分类维度——"产品/服务的价值提供形式"和"产品/服务的价值创造环节"为解释因素，对以上影响作用的方向和程度做出了机理分析。

5

情境因素对商业模式与企业绩效关系调节作用研究

第4章研究显示,将"商业模式"作为分析变量,可以用来解释企业竞争优势及企业间绩效的差异,但分析模型存在较大的未解释部分。本章将情境因素引入研究系统,重点关注商业模式和情境因素之间是否存在相互作用关系,以及两者的共同作用对企业绩效的影响。

尽管在以往的研究中,许多学者也指出了一些影响企业绩效的因素之间具有相互作用和联系,但尚未具体提出商业模式与情境因素之间的作用关系,以及情境因素对商业模式影响企业绩效的中介或调节作用。本章将商业模式类型、中国情境因素和企业绩效作为一个整体系统,重点研究其中要素间的相互作用关系和影响机理,尝试从系统层面探究商业模式运行的基本逻辑。提出的研究框架如图5-1所示。

5.1 关系推导与假设

中国的企业产生于中国独特的政治、经济和社会文化情境下,在政治、社会、制度、地区等情境因素方面会产生有别于其他国家的特殊效应,从而产生对企业的经营行为和经营效果的不同影响。在将中国情境因素纳入商业模式与企业绩效关系研究的框架之前,需要首先明确影响企业经营的中国情境因素,并研究这些情境因素对企业经营、情境因素与商业模式之间的影响关系和作用机理,为后续构建整体研究模型,研究情境因素对企业商业模式与绩效关系的更为复杂的作用及影响奠定基础。

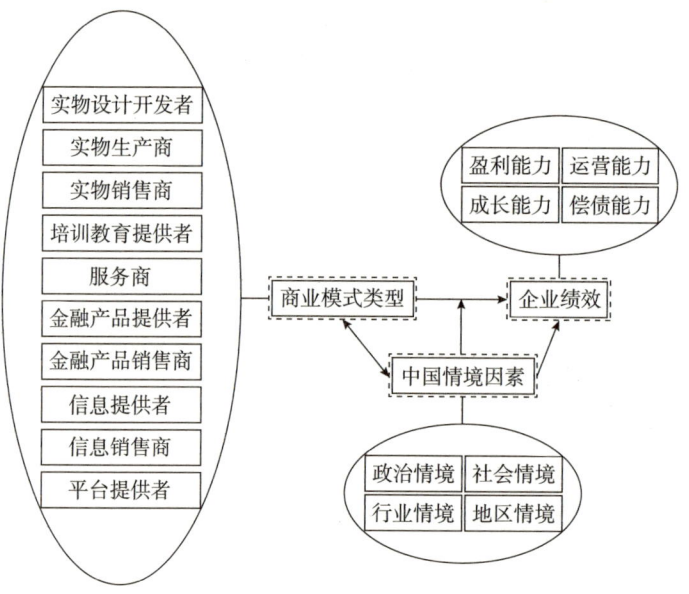

图 5-1　中国情境下商业模式与企业绩效关系研究框架

5.1.1　中国情境因素与企业绩效关系分析

5.1.1.1　政治情境因素与企业绩效

政治情境因素一直是国内外学者研究企业绩效影响因素的重点之一。区别于西方的政治体制和环境，中国的政治情境因素具有很强的特殊性，相关政治情境研究主要集中在政治关联、产权性质、政府补助三个主要因素。本书选择产权性质和政府补助两个公开的客观指标代表政治情境因素。其中，企业的产权性质在很大程度上代表了产权归属、政府背景与关系；政府补助是政府关系能力的一种体现，补贴的额度综合反映了企业利用自身优势，获取政府、行业支持的结果。

（1）产权性质。根据产权性质划分，本书将所研究企业分为中央国有企业、地方国有企业、公众企业、民营企业、外资企业、其他企业（例如高校企业）六种类型，不同企业类型与企业绩效的关系，通过单因素方差分析和多个独立样本的 Kruskal-Wallis 检验进行研究。依然选取创业板 417 家企业的数据进行实证分析,分析结果如表5-1所示。

表5-1 中国情境因素对企业绩效影响汇总

绩效指标	产权性质	政府补助	家族企业	第一大股东持股比例	市场指数	地区
加权净资产收益率	×	√	×	×	×	√
主营业务利润率	×	√	×	×	×	√
总资产报酬率	×	√	×	×	×	×
销售毛利率	√	√	×	×	×	√
总资产周转率	×	×	×	√	×	×
固定资产周转率	×	×	√	×	×	×
存货周转率	×	×	×	×	√	×
营业收入3年增长率	×	√	×	×	×	√
净利润3年增长率	×	√	×	×	×	×
资产3年增长率	×	×	×	×	√	×
流动比率	×	×	×	×	×	×
资产负债率	×	×	×	×	×	×
产权比率	×	×	×	×	×	×

注:√代表有显著影响,×代表无显著影响。

结果显示,不同的产权性质公司间的13个绩效指标中,只有毛利率具有差异,其余指标没有显著差异。

(2)政府补助。政府补助是数值型变量,衡量其与企业绩效关系采用相关系数方法。根据本书数据特点,采用Spearman秩相关系数进行分析。

Spearman秩相关系数的计算公式如下:

$$r_s = \frac{cov(R_x, R_y)}{\sqrt{var(R_x)}\sqrt{var(R_y)}} = \frac{\sum_{i=1}^{n}(R_{xi} - \overline{R_{xi}})(R_{yi} - \overline{R_{yi}})}{\sqrt{\sum_{i=1}^{n}(R_{xi} - \overline{R_{xi}})^2}\sqrt{\sum_{i=1}^{n}(R_{yi} - \overline{R_{yi}})^2}}$$

(5-1)

其中,R_x、R_y分别为变量x与y的秩,cov、var分别为协方差、方差。政府补助和企业绩效指标Spearman秩相关系数如表5-2所示。

表 5-2　政府补助—企业绩效指标 Spearman 相关系数

绩效指标	相关系数	Sig.（双侧）	N
加权净资产收益率	0.146**	0.003	416
主营业务利润率	0.187**	0.000	416
总资产报酬率	0.137**	0.005	416
销售毛利率	0.191**	0.000	417
总资产周转率	-0.073	0.140	416
固定资产周转率	0.083	0.090	416
存货周转率	-0.004	0.942	401
营业收入3年增长率	0.176**	0.000	393
净利润3年增长率	0.234**	0.000	393
资产3年增长率	0.095	0.060	393
流动比率	-0.033	0.499	416
资产负债率	0.037	0.452	416
产权比率	0.037	0.457	416

注：** 表示在置信度（双测）为 0.01 时，相关性是显著的；* 表示在置信度（双测）为 0.05 时，相关性是显著的。

表 5-2 表明，政府补助与加权净资产收益率、主营业务利润率、总资产报酬率、销售毛利率、营业收入 3 年增长率、净利润 3 年增长率指标显著正相关。

5.1.1.2　社会情境因素与企业绩效

本书选择是否家族企业和第一大股东持股比例代表社会情境因素。在中国传统家族联系的背景下，家族企业具有其特殊性，受到家族传承、地域特点、亲族关系等诸多因素的综合影响；第一大股东持股比例是企业实际控制人权利和利益的体现，在中国几千年来集权制管理的社会背景下，分析企业经营，需要将企业实际控制人的影响作用加以考虑。在中国的社会文化背景下，家族企业因素、第一大股东持股比例因素是分析企业经营时需要考虑的重要因素，两者对促进利益相关者积极经营，获取收益，制约经营者的经营决策，从制度上降低企业经营风险方面都具有影响作用。

（1）家族企业。根据上市公司公告信息，采用上市公司招股说明书中

"董事、监事、高级管理人员及其他核心人员相互之间存在的亲属关系"作为依据,将所研究企业分为家族企业(数值取1)和非家族企业(数值取0)。通过单因素方差分析和多个独立样本的 Kruskal-Wallis 检验进行研究,分析结果如表5-1所示。

结果显示,固定资产周转率在不同的家族属性类别上分布不相同,即不同的家族企业属性类型对固定资产周转率指标有显著影响。

(2)第一大股东持股比例。第一大股东持股比例也是数值型变量,采用 Spearman 秩相关系数衡量其与企业绩效关系,具体数据如表5-3所示。

表5-3 第一大股东持股比例—企业绩效指标 Spearman 相关系数

绩效指标	相关系数	Sig.(双侧)	N
加权净资产收益率	0.052	0.297	403
主营业务利润率	-0.084	0.092	403
总资产报酬率	0.043	0.394	403
销售毛利率	-0.081	0.103	403
总资产周转率	0.114*	0.022	403
固定资产周转率	-0.025	0.614	403
存货周转率	-0.008	0.87	389
营业收入3年增长率	-0.029	0.561	393
净利润3年增长率	0.044	0.386	393
资产3年增长率	0.012	0.811	393
流动比率	-0.055	0.272	403
资产负债率	0.03	0.55	403
产权比率	0.027	0.588	403

注:** 表示在置信度(双测)为0.01时,相关性是显著的;* 表示在置信度(双测)为0.05时,相关性是显著的。

从表5-3可见,第一大股东持股比例和总资产周转率负相关,与其他指标无显著相关关系。

5.1.1.3 制度情境因素与企业绩效

基于中国社会发展转型特点,制度情境因素从宏观方面展开。以地区市场化程度表示企业所在市场规则、市场信息传递机制、中介市场机制效率、政府"制度缺陷"等差异。具体指标采用樊纲和王晓鲁提出的《中国市场化指数2014年报告》中的市场化指数表示。采用Spearman秩相关系数衡量其与企业绩效的关系，具体数据如表5-4所示。

表5-4 市场化指数—企业绩效指标 Spearman 相关系数

绩效指标	相关系数	Sig.（双侧）	N
加权净资产收益率	0.066	0.180	416
主营业务利润率	-.016	0.739	416
销售毛利率	-0.017	0.735	417
总资产报酬率	0.053	0.281	416
总资产周转率	0.077	0.115	416
固定资产周转率	0.082	0.093	416
存货周转率	0.126*	0.012	401
营业收入3年增长率	0.036	0.479	393
净利润3年增长率	0.073	0.151	393
资产3年增长率	0.112*	0.027	393
流动比率	0.053	0.283	416
资产负债率	-0.065	0.187	416
产权比率	-0.064	0.195	416

注：** 表示在置信度（双测）为0.01时，相关性是显著的；* 表示在置信度（双测）为0.05时，相关性是显著的。

从表5-4可见，市场化指数与企业的存货周转率和资产3年增长率指标具有显著相关关系。

5.1.1.4 地区情境因素与企业绩效

特定的区域文化、经济、制度等方面的因素对企业的经营活动具有直接或间接的作用，大量的已有研究肯定了具体的区域要素对企业绩效的影响，本书选择企业所在省份作为地区情境因素。通过单因素方差分析和多个独立样本的Kruskal-Wallis检验进行研究，分析结果如表5-1所示。结果显示，地区因素对主营业务利润率、加权净资产收益率、销售毛利率、固定资产周转率、净利润 3 年增长率指标具有显著影响，对其他指标没有显著影响。

具体地，针对省份地区因素具有影响差异的各企业绩效指标描述性统计数据如表 5-5 所示。

表 5-5 省份—企业绩效指标描述性统计

省份	N	均值/标准差				
		加权净资产收益率	主营业务利润率	销售毛利率	固定资产周转率	净利润 3 年增长率
安徽省	8	9.9763/5.53724	36.7692/15.36165	37.2738/15.64225	3.5472/3.00172	50.2776/98.36573
北京市	68	13.4151/11.35971	45.8468/18.67243	46.8506/18.82378	15.9958/30.62099	82.1846/148.4905
福建省	11	6.1491/3.17319	37.5744/14.19373	38.3686/14.57227	3.6400/3.40260	-1.5296/64.09206
甘肃省	2	2.4250/1.64756	33.9563/12.40803	35.1423/12.02089	2.2158/0.26403	14.5231/78.40124
广东省	88	8.6188/9.46935	35.9232/17.39167	36.6851/17.60751	7.3026/9.45713	10.0747/116.4963
贵州省	1	11.1700	85.3861	89.0373	17.0334	50.3126
海南省	2	1.8624/1.44589	37.7249/12.45109	38.3099/13.27840	2.2575/1.83841	-66.921/32.13588
河北省	7	9.3329/12.41993	39.1640/18.08875	39.9846/18.33170	7.2548/8.79798	-31.612/156.048
河南省	8	7.3088/4.06481	37.7462/10.88854	38.4573/11.25607	3.1943/2.86356	25.6982/77.21767
黑龙江省	1	0.7200	31.8899	32.4435	1.2905	-82.6677
湖北省	13	7.6038/7.50033	31.3294/12.37110	31.999/12.71106	4.2401/3.76895	-15.82/65.27094
湖南省	13	8.0908/18.96010	36.1722/17.08772	36.9360/17.17068	9.3674/19.56304	32.0454/167.8503
吉林省	2	15.7100/12.37437	46.1193/12.26618	46.9916/12.56302	2.4498/2.62372	33.4037/31.12041

续表

省份	N	均值/标准差				
		加权净资产收益率	主营业务利润率	销售毛利率	固定资产周转率	净利润3年增长率
江苏省	50	9.3304/10.20963	31.9458/16.18535	32.6337/16.54983	4.7854/5.14160	14.9782/107.723
江西省	3	10.1561/0.83054	40.5537/13.59002	41.3690/13.65557	3.2569/2.96607	79.4137/24.12002
辽宁省	10	13.6020/8.07652	29.4448/12.21652	30.0855/12.54044	11.4965/13.93878	91.6875/187.6999
内蒙古自治区	3	8.5067/6.77423	37.0849/14.67185	38.7078/14.62538	6.1184/4.45759	20.1047/102.4176
山东省	19	7.8368/4.58032	32.1101/16.21842	32.7777/16.54606	5.3362/8.78900	2.7919/67.49683
山西省	2	4.1850/0.44548	56.1693/10.91144	57.3337/11.28557	2.3313/0.36169	−29.859/4.18197
陕西省	7	6.2486/10.18435	36.0133/22.04516	36.8559/22.06178	3.2427/1.95930	−41.341/93.19187
上海市	31	10.7616/7.00177	41.2205/18.90297	41.9163/19.19980	15.0854/31.43208	61.9210/119.4625
四川省	10	2.3140/15.94993	27.9670/11.82116	28.6484/12.05165	11.5015/19.12054	−100.58/164.1149
天津市	7	14.2214/6.65568	44.9095/22.36793	45.8597/22.73559	6.9763/9.49059	80.1151/73.89259
新疆维吾尔自治区	3	5.7567/4.07105	31.4385/13.82975	31.5490/13.88521	2.0883/1.79184	9.7751/78.34635
云南省	1	1.5000	71.5085	72.2800	1.1618	−96.8386
浙江省	41	9.8356/9.47139	41.3202/20.58444	42.3740/21.04843	5.8933/6.92595	46.4756/144.2844
重庆市	5	11.7460/9.82906	44.6883/12.15898	45.4464/12.52069	3.6282/2.03371	35.6698/93.51160
总数	417	9.6020/9.90359	38.0944/17.88621	38.8179/18.26080	8.3989/17.32770	28.8777/126.0335

如表 5-5 所示，在盈利能力方面，主营业务利润率和销售毛利率指标贵州、云南、山西三省排名前三，辽宁、新疆两地排名垫底；固定资产周转率方面，贵州、北京、上海三地排名前三，云南、新疆两地排名垫底；净利润 3 年增长率指标方面，辽宁、北京、天津排名前三，四川、云南、黑龙江三省排名垫底，且为负值。

综合政治、社会、制度、地区等因素对企业绩效影响分析结果，情境因素对企业绩效影响汇总如表 5-1 所示。从表 5-1 可见，在诸多情境因素中，政府补助和地区因素对企业绩效指标影响最为明显，而产权性质、家族企业、第一大股东持股比例因素仅对个别企业绩效指标具有影响。实证研究结果与本书情境因素对企业绩效影响文献综述吻合，各项因素影响企业绩效的机理分析在综述中已有阐述，此处不再赘述。

5.1.2 商业模式与中国情境因素关系分析

商业模式的选择是企业结合所处的外部情境（例如行业、地区、经济等）和内部条件（例如核心资源、技术优势等）所做出的综合决策。因此，企业商业模式和情境因素具有天然的内在联系，有必要对两者的关系进行研究。

因为商业模式类型是分类变量，所以选择情境因素中的分类变量进行分析。采用 Kendall 等级相关系数进行研究，Kendall 相关系数计算公式如下：

$$r_k = \frac{\sum_{1 \leq i < j \leq n} \varphi}{C_n^2} \qquad (5-2)$$

Kendall 相关系数是 C_n^2 个 φ 值之和再除以 C_n^2，各参数说明如下：假设有 n 对观测值 (x_1, y_1)，(x_2, y_2)，…，(x_n, y_n)。如果乘积 $(x_j-x_i)(y_j-y_i) > 0$ 且 j>i (i, j=1, …, n)，称数对 (x_i, y_i) 与 (x, y_n) 是协同的，这时 x 与 y 具有相同的变化趋势，记 $\varphi=1$；反之不协同，记 $\varphi=-1$；如果 $(x_j-x_i)(y_j-y_i) = 0$，则表明 x 与 y 在这两点之间没有明显的协同趋势，记 $\varphi=0$。在 $1 \leq i < j \leq n$ 的条件下，这样的 (i, j) 组合共有 C_n^2 个，因此可得到 C_n^2 个 φ 值。

进一步分析需要将一个企业的商业模式归为一个类别，将商业模式类型做合并处理，分为 1 实物、2 人力、3 信息、4 平台四种主要商业模式类型。

为了便于分类对比，将情境因素中的政府补助、第一大股东持股比例两类数值型变量通过数据处理变为分类变量。其中，"政府补助"数据处理为10个类别的分类变量"政府补助占主营业务收入比例类别"：将政府补助占主营业务收入比例（1%~100%）四舍五入取整，成为具有10个类别的分类变量（1~10）。同样地，"第一大股东持股比例"也处理为10个类别的分类变量"第一大股东持股比例类别"。经计算，商业模式类型—情境因素Kendall等级相关系数如表5-6所示。

表5-6 商业模式类型—情境因素Kendall等级相关系数

		主要商业模式类型	产权属性组别	政府补助比例类别	家族企业	第一大股东持股比例类别	省份组别
主要商业模式类型	相关系数	1.000	-0.041	0.111**	-0.183**	-0.111**	-0.154**
	Sig.（双侧）		0.373	0.008	0.000	0.010	0.000
	N	416	416	416	416	403	416
产权属性组别	相关系数		1.000	0.028	-0.209**	-0.108*	-0.022
	Sig.（双侧）			0.520	0.000	0.012	0.590
	N		417	416	416	403	416
政府补助比例类别	相关系数			1.000	-0.102*	-0.069	0.013
	Sig.（双侧）				0.020	0.078	0.737
	N			416	416	403	416
家族企业	相关系数				1.000	0.099*	0.110**
	Sig.（双侧）					0.026	0.009
	N				416	403	416
第一大股东持股比例类别	相关系数					1.000	0.106**
	Sig.（双侧）						0.005
	N					403	403
省份组别	相关系数						1.000
	Sig.（双侧）						
	N						416

注：** 表示在置信度（双测）为0.01时，相关性是显著的；* 表示在置信度（双测）为0.05时，相关性是显著的。

从表 5-6 可见，企业的主要商业模式类型和企业所处的大部分情境因素具有显著的相关关系，这说明企业商业模式的内部选择受到企业所处外部情境因素的影响。另外还可看到，诸多情境因素之间也具有相关关系，说明情境因素之间具有相互影响作用。因此，在诸多复杂、动态的情境中，研究企业商业模式和其中某个情境因素的关系，需要对其他情境因素加以控制，这里采用偏相关关系分析。

变量 x、y 之间剔除变量 z 的影响后的偏相关系数计算公式如下：

$$r_{xy,z}=\frac{r_{xy}-r_{xz}r_{yz}}{\sqrt{(1-r_{xz}^2)}\sqrt{(1-r_{yz}^2)}} \quad (5-3)$$

其中，r 是普通样本相关系数。

经计算，主要商业模式类型和情境因素偏相关关系显著项如表 5-7 所示。

表 5-7 商业模式—情境因素偏相关关系显著项

控制变量	情境因素	主要商业模式类型	
证监会行业代码组别、省份组别、产权属性组别、家族企业、大股东持股比例类别	政府补助比例类别	相关性	0.154
		显著性（双侧）	0.002
		df	396
政府补助比例类别、大股东持股比例类别、证监会行业代码组别、省份组别、产权属性组别	家族企业	相关性	−0.121
		显著性（双侧）	0.016
		df	396

从表 5-7 可见，在将其他情境因素作为控制变量后加以分析，企业主要商业模式类型和政府补助比例、家族企业仍具有显著的相关关系。具体地，主要商业模式类型和政府补助比例正相关、和家族企业负相关，说明随着商业进程发展，出现了企业商业模式类型编号提升的现象，即产品/服务的提供形式从实物向平台逐渐升级，企业逐渐向更高级的产业发展。这种改变带来政府补助逐渐提高、家族企业逐渐减少的现象，原因可以解释为：为了鼓励新型产业的发展，政府设立专项产业基金、研发基金等补贴项目向新兴产业投资；而新兴产业的特点是资本、知识密集型，对人才的知识性和专业性要求更高，企业为了更好地经营发展，需要理性选择专业人才，而不能更多

考虑家族因素。

5.1.3 商业模式、中国情境双因素交互作用与企业绩效关系

企业的绩效影响因素是多元复杂、动态变化的，将情境因素纳入对企业经营活动进行分析，则不可避免地涉及多因素之间的交叉影响、复合作用。单一因素对企业绩效的影响结果，在交叉因素的作用下可能会发生变化。为了更加深入地揭示商业模式和情境因素对企业绩效的影响关系，本节从双因素交互作用的视角对商业模式和情境因素对企业绩效的影响作用加以分析。

选择产权性质、家族企业、地区因素三个类别型情境因素，将情境因素和企业主要商业模式类型进行有交互作用的双因素方差分析。

有交互作用的双因素方差分析检验统计量如下：

$$F_{AB} = \frac{MSS_{AB}}{MSS_E} = \frac{SS_{AB}/[(I-1)(J-1)]}{SS_E/[IJ(K-1)]} \quad (5-4)$$

其中，$SS_{AB} = K(\sum_{ij}[\hat{\mu}_{ij} - \hat{\mu} - \frac{1}{J}(\sum_{j=1}^{J}\hat{\mu}_{ij} - \hat{\mu}) - \frac{1}{I}(\sum_{i=1}^{I}\hat{\mu}_{ij} - \hat{\mu})]^2$

$$(5-5)$$

$$SS_E = \sum_{i,j,k}(y_{i,j,k} - \hat{\mu}_{ij})^2 \quad (5-6)$$

其中，$\hat{\mu}_{ij}$为水平组合上的样本均值；$\hat{\mu}$为总均值；$i=1,\cdots,I$；$j=1,\cdots,J$；重复实验次数为K。计算各因素分析显著性结果汇总统计如表5-8至表5-10所示。

表5-8 主要商业模式类型—产权性质主体间效应的检验

源	因变量	Ⅲ型平方和	df	均方	F	Sig.
主要商业模式类型	总资产周转率	3.225	3	1.075	12.364	0.000
	固定资产周转率	8289.857	3	2763.286	11.534	0.000
产权属性	总资产周转率	1.571	5	0.314	3.613	0.003
	固定资产周转率	13832.305	5	2766.461	11.547	0.000
主要商业模式类型×产权属性	总资产周转率	3.000	7	0.429	4.929	0.000
	固定资产周转率	10978.073	7	1568.296	6.546	0.000

续表

源	因变量	Ⅲ型平方和	df	均方	F	Sig.
误差	总资产周转率	34.783	400	0.087		
	固定资产周转率	95828.951	400	239.572		
总计	总资产周转率	165.027	416			
	固定资产周转率	153948.965	416			
校正的总计	总资产周转率	39.385	415			
	固定资产周转率	124603.462	415			

注：总资产周转率调整后的 $R^2 = 0.084$，固定资产周转率调整后的 $R^2 = 0.202$。

表5-9 主要商业模式类型—家族企业主体间效应的检验

因变量：营业收入3年增长率

源	Ⅲ型平方和	df	均方	F	Sig.
主要商业模式类型	260004.736	3	86668.245	7.917	0.000
家族企业	161837.981	1	161837.981	14.783	0.000
主要商业模式类型×家族企业	227899.287	3	75966.429	6.939	0.000
误差	4214887.036	385	10947.759		
总计	8627201.535	393			
校正的总计	4816173.401	392			

注：营业收入3年增长率调整后的 $R^2 = 0.109$。

表5-10 主要商业模式类型—地区因素主体间效应的检验

源	因变量	Ⅲ型平方和	df	均方	F	Sig.
商业模式类型	总资产周转率	0.867	3	0.289	3.667	0.013
	营业收入3年增长率	281748.130	3	93916.043	8.965	0.000
	产权比率	0.614	3	0.205	1.131	0.336
省份	总资产周转率	3.477	26	0.134	1.697	0.020
	营业收入3年增长率	542214.497	26	20854.404	1.991	0.003
	产权比率	14.467	26	0.556	3.075	0.000

续表

源	因变量	Ⅲ型平方和	df	均方	F	Sig.
商业模式类型×省份	总资产周转率	3.272	22	0.149	1.887	0.010
	营业收入3年增长率	581001.578	22	26409.163	2.521	0.000
	产权比率	10.964	22	0.498	2.754	0.000
误差	总资产周转率	26.789	340	0.079		
	营业收入3年增长率	3561777.174	340	10475.815		
	产权比率	61.527	340	0.181		
总计	总资产周转率	143.501	392			
	营业收入3年增长率	8626022.382	392			
	产权比率	160.982	392			
校正的总计	总资产周转率	32.522	391			
	营业收入3年增长率	4812049.490	391			
	产权比率	86.443	391			

注：总资产周转率调整后的 $R^2=0.053$，营业收入3年增长率调整后的 $R^2=0.149$，产权比率调整后的 $R^2=0.181$。

从表5-8至表5-10中可以看到，商业模式类型和产权属性、家族企业交互作用影响小于单一作用影响，说明产权属性、家族企业对商业模式类型与绩效关系的影响调节作用不明显。另外，商业模式类型和地区因素的交互项针对营业收入3年增长率的交互作用平方和大于单一因素平方和，说明两者的交互作用大于单一作用，地区因素对商业模式类型与企业营业收入3年增长率关系具有调节作用。

为进一步说明主要商业模式类型—情境因素交互作用机制，对交互作用显著项进行进一步的简单效应检验。简单效应检验用于考察在一个自变量的不同水平上，另一个变量的不同水平对因变量的影响是否显著。通过SPSS软件编写syntax命令，运行得到简单效应检验成对比较结果，如表5-11所示（只保留显著项）。

表 5-11　商业模式类型—地区因素不同水平上营业收入 3 年增长率简单效应检验

商业模式类型	(I) 省份	(J) 省份	均值差值 (I-J)	标准误差	Sig.^d
4	北京市	浙江省	266.856*	83.626	0.023
	上海市	北京市	501.993*	118.265	0
		广东省	794.467*	144.844	0
		贵州省	759.569*	144.844	0
		江苏省	712.957*	144.844	0
		浙江省	768.849*	118.265	0

注：基于估算边际均值，*表示均值差值在 0.05 级别上较显著。

从表 5-11 可以看出，主要商业模式类型 4（平台）中，上海企业的营业收入 3 年增长率显著高于北京、广东等 5 个省市。这种差异的产生，正是在于不同地区的经济、人口、资源、制度、教育等情境因素对商业模式对企业绩效影响的调节作用的体现。其影响的具体作用机理涉及政治环境、基础设施、人力资源、制度法规等因素，可以通过区位优势理论加以解释。在中国经济发展及改革的进程中，行政级别间和地域间的权利和资源分配不均衡，直接导致了各类资源在不同地区的分布差异，因此形成了对不同模式、不同产业企业的影响差异。

5.1.4 研究假设

本章实证研究验证了情境因素对企业绩效的影响，情境因素与商业模式的相关关系，并通过双因素方差分析验证了类别型情境因素对商业模式影响企业绩效的调节作用。为了研究中国情境因素其他指标对商业模式影响企业绩效的作用，基于文献综述和本书分析，提出研究假设如下：

5.1.4.1 政治情境对商业模式与企业绩效的影响

政治情境中的政府补助能给企业带来直接收益，本章研究显示，政府补助对企业盈利能力、成长能力具有直接作用的影响。企业通过获得政府补助，能够降低企业经营成本，便于获取政府其他相关资源，促进企业的发展。因此提出假设，政府补助对商业模式影响企业的盈利能力、经营能力、成长能力具有调节作用。具体如下：

H1：政府补助对商业模式与加权净资产收益率的影响具有调节作用。

H2：政府补助对商业模式与主营业务利润率的影响具有调节作用。

H3：政府补助对商业模式与总资产周转率的影响具有调节作用。

H4：政府补助对商业模式与固定资产周转率的影响具有调节作用。

H5：政府补助对商业模式与营业收入3年增长率的影响具有调节作用。

H6：政府补助对商业模式与净利润3年增长率的影响具有调节作用。

5.1.4.2 社会情境对商业模式与企业绩效的影响

社会情境中的第一大股东持股比例指标是企业决策者权力和利益集中程度的体现，本章研究显示，第一大股东持股比例直接影响企业的总资产周转率。在产业转型期的中国情境下，不同类型商业模式企业所面临的市场环境处于快速变化当中，企业经营会受到内部决策机制、权责分配的影响作用，企业第一大股东持股比例正是这种影响的体现。因此提出假设，第一大股东持股比例对企业经营能力具有影响。具体如下：

H7：第一大股东持股比例对商业模式与总资产周转率的影响具有调节作用。

H8：第一大股东持股比例对商业模式与固定资产周转率的影响具有调节作用。

5.1.4.3 制度情境对商业模式与企业绩效的影响

制度情境中的市场化指数体现了企业所处环境的制度属性，集中体现了市场相关的信息、规则、效率等要素，会对企业运营过程中的获利、效率、融资等方面产生影响。因此提出假设，市场化指数对企业盈利能力、成长能力、偿债能力有影响。具体如下：

H9：市场化指数对商业模式与加权净资产收益率的影响具有调节作用。

H10：市场化指数对商业模式与主营业务利润率的影响具有调节作用。

H11：市场化指数对商业模式与营业收入3年增长率的影响具有调节作用。

H12：市场化指数对商业模式与净利润3年增长率的影响具有调节作用。

H13：市场化指数对商业模式与资产负债率的影响具有调节作用。

5.1.4.4 地区情境对商业模式与企业绩效的影响

地区间的差异对企业经营的影响是综合的、全面的。本书采用地区高校数量和网络普及率指标反映出地区间高水平人力资源和现代化基础设施的拥有水平。所提出的假设如下：

H14：高校数量对商业模式与加权净资产收益率的影响具有调节作用。

H15：高校数量对商业模式与主营业务利润率的影响具有调节作用。

H16：高校数量对商业模式与总资产周转率的影响具有调节作用。

H17：高校数量对商业模式与固定资产周转率的影响具有调节作用。

H18：高校数量对商业模式与营业收入3年增长率的影响具有调节作用。

H19：高校数量对商业模式与净利润3年增长率的影响具有调节作用。

H20：网络普及率对商业模式与加权净资产收益率的影响具有调节作用。

H21：网络普及率对商业模式与主营业务利润率的影响具有调节作用。

H22：网络普及率对商业模式与总资产周转率的影响具有调节作用。

H23：网络普及率对商业模式与固定资产周转率的影响具有调节作用。

H24：网络普及率对商业模式与营业收入3年增长率的影响具有调节作用。

H25：网络普及率对商业模式与净利润3年增长率的影响具有调节作用。

H26：网络普及率对商业模式与资产负债率的影响具有调节作用。

5.2 模型构建与变量测度

根据本章研究假设，构建中国情境下商业模式与企业绩效关系模型如下：

$$P = \beta_0 + \beta_1 BM_1 + \beta_2 BM_2 + \beta_3 BM_3 + \cdots + \beta_{10} BM_{10} + \alpha_j Context_j + \sum \gamma_k BM_i \times Context_j + \sum CV + \varepsilon \qquad (5-7)$$

其中，β_0，β_1，$\cdots$，β_{10}，α_j，γ_k 为回归系数；Context 为情境因素，具体包括政府补助（Z）、第一大股东持股比例（D）、市场化指数（I）、高校数量（G）、网络普及率（W）；$BM_i \times Context$ 为商业模式类型和情境因素的交互项；CV 为控制变量；$\varepsilon \sim N(0, \delta^2)$。各变量具体数据从 Wind 数据

库、《中国统计年鉴》、行业统计等公开信息选取，变量说明如表5-12所示。

表 5-12 模型变量说明

变量维度			符号
因变量	盈利能力	加权净资产收益率	ROE
		主营业务利润率	ZY
	经营能力	总资产周转率	TATO
		固定资产周转率	FAT
	成长能力	营业收入3年增长率	ORGR
		净利润3年增长率	NPGR
	偿债能力	资产负债率	ALR
自变量		商业模式类型	BM_i
调节变量	政治情境	政府补助	Z
	社会情境	第一大股东持股比例	D
	制度情境	市场化指数	I
	地区情境	高校数量	G
		网络普及率	W
控制变量	行业因素	企业行业类别	Indu
	企业规模	企业总资产	Size
	企业年龄	成立时长（年）	Age

5.3 实证分析与讨论

本书所选变量的均值、标准差和相关系数矩阵如表5-13所示。

表 5-13 主要变量的描述性统计和相关系数矩阵

变量	均值	标准差	1	2	3	4	5	6	7	8	9	10
1 Z	1063.2875	1471.23										
2 D	32.7621	16.43811	-0.120*									
3 I	8.6456	1.31444	0.001	-0.016								

续表

变量	均值	标准差	1	2	3	4	5	6	7	8	9	10
4G	114.5505	32.22373	-0.076	0.054	0.271**							
5W	0.6028	0.12393	0.061	-0.074	0.692**	-0.173**						
6BM_1	0.3942	0.48927	0.078	-0.005	-0.082	-0.038	-0.099*					
7BM_2	0.458	0.49883	-0.125*	0.082	0.003	0.215**	-0.164**	-0.216**				
8BM_3	0.3333	0.47197	0.012	0.004	-0.096	-0.052	-0.073	0.106*	-0.037			
9BM_5	0.247	0.43179	0.028	-0.082	0.053	-0.084	0.179**	-0.220**	-0.448**	-0.039		
10BM_8	0.0959	0.29484	0.183**	-0.095	0.148**	-0.120*	0.250**	-0.230**	-0.267**	-0.109*	0.191**	
11BM_9	0.0456	0.20879	0.08	-0.086	0.095	-0.126*	0.159**	-0.153**	-0.201**	-0.106*	0.008	0.554**
12BM_{10}	0.0264	0.16045	0.017	0.001	0.021	-0.056	0.022	-0.133*	-0.151**	-0.085	-0.06	-0.003
13Size	1.3×10^4	1.1×10^4	0.353**	-0.029	-0.001	-0.039	-0.007	-0.038	0.043	0.011	0.046	0.008
14Age	3.8258	1.4594	0.097*	0.018	-0.094	-0.059	-0.072	0.019	-0.04	0.173**	-0.033	-0.027
15ROE	9.602	9.90359	0.106*	-0.054	0.114*	-0.07	0.154**	0.124*	-0.134**	-0.124*	0.012	0.089
16ZY	38.0944	17.88621	0.134**	-0.067	0.038	-0.210**	0.144**	0.306**	-0.438**	0.039	0.053	0.295**
17TATO	0.5496	0.30807	-0.05	-0.024	0.083	0.066	0.063	-0.146**	0.058	-0.138**	-0.032	-0.06
18FAT	8.3989	17.3277	0.102*	-0.181**	0.07	-0.112*	0.165**	-0.087	-0.251**	-0.045	0.100*	0.187**
19ORGR	98.4747	110.84294	0.105*	-0.022	0.081	-0.087	0.181**	-0.012	-0.186**	-0.051	0.076	0.072
20NPGR	28.8777	126.03345	0.210**	0.023	0.122*	-.113*	0.171**	0.105*	-0.211**	-0.04	0.095	0.137**
21ALR	26.0497	15.73346	-0.012	0.001	-0.078	0.095	-0.107*	-0.129**	0.117*	-0.054	0.058	-0.164**

变量	均值	标准差	11	12	13	14	15	16	17	18	19	20
1Z	1063.2875	1471.23										
2D	32.7621	16.43811										
3I	8.6456	1.31444										
4G	114.5505	32.22373										
5W	0.6028	0.12393										
6BM_1	0.3942	0.48927										
7BM_2	0.458	0.49883										
8BM_3	0.3333	0.47197										
9BM_5	0.247	0.43179										
10BM_8	0.0959	0.29484										

续表

变量	均值	标准差	11	12	13	14	15	16	17	18	19	20
11BM$_9$	0.0456	0.20879										
12BM$_{10}$	0.0264	0.16045	0.036									
13Size	1.3×10^4	1.1×10^4	-0.043	0.054								
14Age	3.8258	1.4594	-0.029	-0.011	0.352**							
15ROE	9.602	9.90359	0.06	0.084	-0.066	-0.547**						
16ZY	38.0944	17.88621	0.242**	0.124*	-0.089	-0.161**	0.384**					
17TATO	0.5496	0.30807	-0.051	0.153**	-0.085	-0.296**	0.456**	-0.235**				
18FAT	8.3989	17.3277	0.237**	0.121*	-0.013	-0.188**	0.213**	0	0.296**			
19ORGR	98.4747	110.84294	0.063	0.233**	0.271**	0.052	0.383**	0.069	0.391**	0.152**		
20NPGR	28.8777	126.03345	0.09	0.053	0.215**	-0.147**	0.802**	0.337**	0.265**	0.212**	0.592**	
21ALR	26.0497	15.73346	-0.101*	0.009	0.281**	-0.142**	0.097*	-0.373**	0.323**	0.029	0.222**	0.007

可以看出,除网络普及率和市场化指数间的相关系数大于0.6,其余变量相关系数均较低,且自变量的单位特征根均不等于0,VIF值在1.002~1.939,表明所选自变量间不存在多重共线性问题。网络普及率和高校数量对模型的影响有待进一步验证。

在检验情境因素对商业模式与企业关系调节效应时,分三个步骤进行层次回归:①模型仅包括控制变量(行业、企业规模、企业年龄);②模型包括控制变量、自变量(商业模式)和调节变量(情境因素);③模型包括控制变量、自变量、调节变量、控制变量和调节变量的交互项。为简要表示主要信息,仅列出第三步回归方程结果。

5.3.1 政治情境调节效应

政府补助对商业模式—加权净资产收益率的回归结果如表5-14所示。

表 5-14　政府补助对商业模式—加权净资产收益率的回归结果

变量	M1	M2	M3	M4	M5	M6	M7	M8
Size	0.12***	0.127***	0.107***	0.102***	0.106***	0.119***	0.118***	0.116**
Age	-0.589***	-0.603***	-0.582***	-0.586***	-0.583***	-0.588***	-0.587***	-0.606***
Z	0.086	0.162***	0.093	0.102**	0.109**	0.118***	0.118***	0.316*
BM_1	0.165***							0.170**
$BM_1 \times Z$	0.011							-1.58
BM_2		-0.103*						-0.209
$BM_2 \times Z$		-0.115**						-0.209**
BM_3			-0.029					-0.030
$BM_3 \times Z$			0.039					0.007
BM_5				-0.140**				-0.085
$BM_5 \times Z$				0.062				-0.052
BM_8					-0.031			-0.018
$BM_8 \times Z$					0.045			0.038
BM_9						0.002		0.021
$BM_9 \times Z$						-0.001		-0.054
BM_{10}							0.002	-0.014
$BM_{10} \times Z$							0.087	0.071
Indu	Yes	Yes	Yes	Yes	Yes	Yes	Yes	Yes
ΔR^2	0.000	0.007	0.001	0.002	0.001	0.000	0.003	0.012
Adjusted R^2	0.371	0.37	0.345	0.352	0.345	0.344	0.351	0.38
F (Prob)	15.35***	15.34***	13.85***	14.26***	13.85***	13.81***	14.22***	9.738***

注：* 表示 $p<0.1$，** 表示 $p<0.05$，*** 表示 $p<0.01$，BM_i 表示商业模式类型 i，Z 表示政府补助。

从表 5-14 可以看出，政府补助与企业加权净资产收益率正相关；所选择的控制变量企业规模（Size）和企业年龄（Age）与加权净资产收益率存在显著相关关系，其中企业规模（Size）是正相关，企业年龄（Age）是负相关。

增加交互项后，政府补助和商业模式 2（实物生产商）的交互项回归系数显著（$\beta_2 = -0.115$，$p<0.05$），且 $\Delta R^2 = 0.7\%$，方程拟合程度得到提高。

结果显示,政府补助作为调节变量对商业模式2(实物生产商)对加权净资产收益率的负向影响具有加强调节作用,假设1得到支持。

政府补助对商业模式—主营业务利润率的回归结果如表5-15所示。

表5-15 政府补助对商业模式—主营业务利润率的回归结果

变量	M1	M2	M3	M4	M5	M6	M7	M8
Size	-0.041	-0.006	-0.062	-0.082	-0.071	-0.062	-0.081	-0.017
Age	-0.133***	-0.176***	-0.142***	-0.126**	-0.126**	-0.126**	-0.123***	-0.186***
Z	0.149**	1.31**	0.13*	0.106*	0.117**	0.141**	0.144***	0.091
BM_1	0.435***							0.290***
$BM_1 \times Z$	-0.092							-0.083
BM_2		-0.428***						-0.320***
$BM_2 \times Z$		-0.076						-0.067
BM_3			0.092					0.058
$BM_3 \times Z$			0.015					0.041
BM_5				-0.161**				-0.145*
$BM_5 \times Z$				0.135**				0.072
BM_8					0.159**			0.174**
$BM_8 \times Z$					0.049			0.057
BM_9						0.161**		0.131*
$BM_9 \times Z$						-0.162		-0.047
BM_{10}							0.029	0.122
$BM_{10} \times Z$							0.060	-0.018
Indu	Yes	Yes	Yes	Yes	Yes	Yes	Yes	Yes
ΔR^2	0.003	0.003	0.000	0.008	0.001	0.000	0.001	0.008
Adjusted R^2	0.256	0.274	0.123	0.126	0.137	0.133	0.120	0.371
F(Prob)	9.363***	10.19***	4.438***	4.514***	4.873***	4.739***	4.335***	9.402***

注:*表示p<0.1,**表示p<0.05,***表示p<0.01,BM_i表示商业模式类型i,Z表示政府补助。

增加交互项后,政府补助和商业模式5(服务商)的交互项回归系数显著($\beta_5 = 0.135$,p<0.05),结果显示,政府补助作为调节变量对商业模式5

（服务商）对主营业务利润率的负向影响具有抑制作用，假设2得到支持。

另外，模型1、模型2的 Adjusted R^2 显著高于其他方程，说明对于主营业务利润率指标，商业模式1（实物设计开发者）、商业模式2（实物生产商）的解释效应最大。

政府补助对商业模式—总资产周转率的回归结果如表5-16所示。

表5-16 政府补助对商业模式—总资产周转率的回归结果

变量	M1	M2	M3	M4	M5	M6	M7	M8
Size	0.056	0.045	0.048	0.050	0.053	0.055	0.034	0.030
Age	-0.331***	-0.325***	-0.311***	-0.334***	-0.330***	-0.330***	-0.329***	-0.316***
Z	-0.121*	0.053	-0.025	-0.045	-0.022	-0.035	-0.025	-0.101
BM_1	-0.181**							-0.211***
$BM_1 \times Z$	0.16**							0.204
BM_2		0.153**						-0.003
$BM_2 \times Z$		-0.131**						-0.021
BM_3			-0.112**					-0.069
$BM_3 \times Z$			0.001					-0.089
BM_5					-0.159**			-0.164*
$BM_5 \times Z$					0.063			0.062
BM_8				-0.077				-0.041
$BM_8 \times Z$				0.003				-0.006
BM_9						-0.112		-0.148*
$BM_9 \times Z$						0.069		0.109
BM_{10}							0.067	-0.031
$BM_{10} \times Z$							0.075	0.135*
Indu	Yes	Yes	Yes	Yes	Yes	Yes	Yes	Yes
ΔR^2	0.009	0.009	0.000	0.002	0.000	0.002	0.002	0.023
Adjusted R^2	0.211	0.204	0.201	0.200	0.193	0.194	0.206	0.235
F（Prob）	7.522***	7.252***	7.160***	7.097***	6.831***	6.876***	7.325***	5.369***

注：*表示 $p<0.1$，**表示 $p<0.05$，***表示 $p<0.01$，BM_i 表示商业模式类型 i，Z 表示政府补助。

增加交互项后，政府补助和商业模式1、商业模式2的交互项回归系数显著（$\beta_1=0.16$，$p<0.05$；$\beta_2=-0.131$，$p<0.05$），结果显示，政府补助作为调节变量对商业模式1（实物设计开发者）和商业模式2（实物生产商）对总资产周转率的影响具有抑制作用，假设3得到支持。

政府补助对商业模式—固定资产周转率的回归结果如表5-17所示。

表5-17 政府补助对商业模式—固定资产周转率的回归结果

变量	M1	M2	M3	M4	M5	M6	M7	M8
Size	0.036	0.029	0.016	-0.038	-0.029	0.012	0.013	0.047
Age	-0.194***	-0.200***	-0.195***	-0.193***	-0.185***	-0.191***	-0.191***	-0.211***
Z	-0.092	0.053	0.061	0.087*	0.090*	0.057	0.041	0.078
BM_1	-0.020							-0.058
$BM_1 \times Z$	0.189***							0.165
BM_2		-0.067						-0.073
$BM_2 \times Z$		-0.036						-0.021
BM_3			0.045					0.078
$BM_3 \times Z$			-0.029					-0.134*
BM_5				-0.007				-0.048
$BM_5 \times Z$				-0.151**				-0.136*
BM_8					-0.003			-0.138
$BM_8 \times Z$					-0.180**			-0.020
BM_9						0.166**		0.160*
$BM_9 \times Z$						-0.132*		-0.088
BM_{10}							-0.037	-0.144*
$BM_{10} \times Z$							0.056	0.146*
Indu	Yes	Yes	Yes	Yes	Yes	Yes	Yes	Yes
ΔR^2	0.013	0.001	0.000	0.011	0.012	0.006	0.001	0.026
Adjusted R^2	0.245	0.235	0.230	0.247	0.251	0.239	0.230	0.271
F（Prob）	8.916***	8.496***	8.303***	8.989***	9.181***	8.661***	8.295***	6.285***

注：* 表示 $p<0.1$，** 表示 $p<0.05$，*** 表示 $p<0.01$，BM_i 表示商业模式类型 i，Z 表示政府补助。

增加交互项后,政府补助和商业模式1、商业模式4、商业模式5、商业模式6的交互项回归系数显著($\beta_1=0.189$,$p<0.01$;$\beta_5=-0.151$,$p<0.05$;$\beta_8=-0.18$,$p<0.05$;$\beta_9=-0.132$,$p<0.1$),结果显示,政府补助作为调节变量对商业模式1(实物设计开发者)和商业模式9(信息销售商)对固定资产周转率的影响具有抑制作用,对商业模式5(服务商)和商业模式8(信息提供者)对固定资产周转率的影响具有加强作用,假设4得到支持。

政府补助对商业模式—营业收入3年增长率的回归结果如表5-18所示。

表5-18 政府补助对商业模式—营业收入3年增长率的回归结果

变量	M1	M2	M3	M4	M5	M6	M7	M8
Size	0.291***	0.306***	0.294***	0.287***	0.290***	0.291***	0.269***	0.306***
Age	-0.015	-0.027	-0.100	-0.013	-0.008	-0.008	-0.006	-0.025
Z	-0.019	0.002	-0.071	-0.011	0.009	-0.016	0.008	0.202
BM_1	0.048							0.087
$BM_1 \times Z$	0.005							-0.277*
BM_2		-0.124*						-0.083
$BM_2 \times Z$		-0.049						-0.170
BM_3			-0.060					-0.077
$BM_3 \times Z$			0.099					0.143
BM_5				-0.082				-0.054
$BM_5 \times Z$				0.015				0.033
BM_8					0.003			0.121
$BM_8 \times Z$					-0.064			-0.228**
BM_9						-0.045		-0.071
$BM_9 \times Z$						0.079		0.121
BM_{10}							0.249***	0.248
$BM_{10} \times Z$							-0.085	-0.097
Indu	Yes	Yes	Yes	Yes	Yes	Yes	Yes	Yes
ΔR^2	0.000	0.001	0.004	0.000	0.001	0.002	0.003	0.021
Adjusted R^2	0.097	0.113	0.100	0.099	0.098	0.098	0.128	0.138
F(Prob)	3.464***	3.929***	3.551***	3.52***	3.5***	3.495***	4.394***	3.145***

注:*表示$p<0.1$,**表示$p<0.05$,***表示$p<0.01$,BM_i表示商业模式类型i,Z表示政府补助。

增加交互项后，政府补助和各商业模式的交互项回归系数不显著，结果不支持假设5。

政府补助对商业模式—净利润3年增长率的回归结果如表5-19所示。

表5-19 政府补助对商业模式—净利润3年增长率的回归结果

变量	M1	M2	M3	M4	M5	M6	M7	M8
Size	0.228***	0.244***	0.225***	0.211***	0.216***	0.220***	0.218***	0.242***
Age	-0.218***	-0.226***	-0.209***	-0.205***	-0.204***	-0.203***	-0.202***	-0.243***
Z	0.139*	0.144**	0.073	0.097*	0.108	0.115**	0.118**	0.562***
BM_1	0.204***							0.288
$BM_1 \times Z$	-0.073							-0.476***
BM_2		-0.148**						0.020
$BM_2 \times Z$		-0.091						-0.352***
BM_3			0.004					-0.031
$BM_3 \times Z$			0.065					0.112
BM_5				-0.084				-0.026
$BM_5 \times Z$				0.071				-0.049
BM_8					0.008			0.046
$BM_8 \times Z$					0.031			-0.080
BM_9						0.017		0.052
$BM_9 \times Z$						0.008		-0.067
BM_{10}							0.026	0.056
$BM_{10} \times Z$							-0.015	-0.065
Indu	Yes	Yes	Yes	Yes	Yes	Yes	Yes	Yes
ΔR^2	0.002	0.004	0.002	0.002	0.000	0.000	0.000	0.025
Adjusted R^2	0.207	0.21	0.181	0.181	0.179	0.179	0.178	0.219
F (Prob)	6.989***	7.120***	6.095***	6.111***	6.029***	6.013***	6.007***	4.775***

注：* 表示 $p<0.1$，** 表示 $p<0.05$，*** 表示 $p<0.01$，BM_i 表示商业模式类型 i，Z 表示政府补助。

增加交互项后，政府补助和各商业模式的交互项回归系数不显著，结果不支持假设6。

5.3.2 社会情境调节效应

第一大股东持股比例对商业模式—总资产周转率的回归结果如表 5-20 所示。

表 5-20 第一大股东持股比例对商业模式—总资产周转率的回归结果

变量	M1	M2	M3	M4	M5	M6	M7	M8
Size	0.039	0.034	0.041	0.040	0.041	0.037	0.027	0.022
Age	-0.329***	-0.322***	-0.310***	-0.328***	-0.328***	-0.321***	-0.323***	-0.295***
D	0.022	-0.089	-0.026	0.019	0.017	0.007	0.005	-0.002
BM_1	-0.051							-0.016
$BM_1 \times D$	-0.075							-0.101
BM_2		-0.086						-0.080
$BM_2 \times D$		0.214*						0.107
BM_3			-0.205*					-0.203*
$BM_3 \times D$			0.104					0.104
BM_5				-0.009				-0.034
$BM_5 \times D$				-0.121				-0.069
BM_8					0.121			0.014
$BM_8 \times D$					-0.220**			-0.085
BM_9						0.218		0.167
$BM_9 \times D$						-0.297**		-0.246
BM_{10}							0.305***	0.289**
$BM_{10} \times D$							-0.195*	-0.227**
Indu	Yes	Yes	Yes	Yes	Yes	Yes	Yes	Yes
ΔR^2	0.001	0.007	0.002	0.002	0.008	0.010	0.006	0.027
Adjusted R^2	0.203	0.202	0.203	0.200	0.201	0.202	0.210	0.240
F (Prob)	7.192***	7.174***	7.207***	7.091***	7.136***	7.176***	7.477***	5.492***

注：* 表示 $p<0.1$，** 表示 $p<0.05$，*** 表示 $p<0.01$，BM_i 表示商业模式类型 i，D 表示第一大股东持股比例。

增加交互项后，第一大股东持股比例和商业模式 2、商业模式 8、商业模式 9、商业模式 10 的交互项回归系数显著（$\beta_2=0.214$，$p<0.1$；$\beta_8=-0.220$， p<0.05；$\beta_9 = -0.297$，p<0.05；$\beta_{10} = -0.195$，p<0.1），结果显示，第一大股东持股比例作为调节变量对商业模式2（实物生产商）、商业模式8（信息提供者）、商业模式9（信息销售商）、商业模式10（平台提供者）对总资产周转率的影响具有抑制作用，假设7得到支持。

第一大股东持股比例对商业模式—固定资产周转率的回归结果如表5-21所示。

表5-21 第一大股东持股比例对商业模式—固定资产周转率的回归结果

变量	M1	M2	M3	M4	M5	M6	M7	M8
Size	0.027	0.032	0.028	0.021	0.028	0.028	0.022	0.063
Age	-0.188***	-0.199***	-0.192***	-0.184***	-0.186***	-0.188***	-0.182***	-0.220***
D	-0.157***	-0.297***	-0.150	-0.119**	-0.146***	-0.140***	-0.132***	-0.486***
BM_1	0.022							-0.226*
$BM_1 \times D$	0.045							0.239**
BM_2		-0.410***						-0.558***
$BM_2 \times D$		0.398***						0.532***
BM_3			-0.002					-0.005
$BM_3 \times D$			0.037					0.042
BM_5				0.019				-0.281**
$BM_5 \times D$				-0.138				0.114
BM_8					-0.101			-0.336**
$BM_8 \times D$					-0.036			0.124
BM_9						0.035		0.019
$BM_9 \times D$						0.022		0.058
BM_{10}							0.187*	0.100
$BM_{10} \times D$							-0.193*	-0.164
Indu	Yes	Yes	Yes	Yes	Yes	Yes	Yes	Yes
ΔR^2	0.000	0.024	0.000	0.003	0.000	0.000	0.006	0.040
Adjusted R^2	0.251	0.278	0.249	0.258	0.259	0.25	0.254	0.304
F（Prob）	9.167***	10.41***	9.088***	9.475***	9.525***	9.152***	9.310***	7.231***

注：* 表示p<0.1，** 表示p<0.05，*** 表示p<0.01，BM_i 表示商业模式类型i，D表示第一大股东持股比例。

增加交互项后，第一大股东持股比例和商业模式2、商业模式10的交互项回归系数显著（$\beta_2 = 0.398$，$p<0.01$；$\beta_{10} = -0.193$，$p<0.1$），结果显示，第一大股东持股比例作为调节变量对商业模式2（实物生产商）、商业模式10（平台提供者）对固定资产周转率的影响具有抑制作用，假设8得到支持。

5.3.3 制度情境调节效应

市场化指数对商业模式—加权净资产收益率的回归结果如表5-22所示。

表5-22 市场化指数对商业模式—加权净资产收益率的回归结果

变量	M1	M2	M3	M4	M5	M6	M7	M8
Size	0.156***	0.160***	0.150***	0.154***	0.147***	0.149***	0.142***	0.155***
Age	-0.588***	-602***	-0.584***	-0.590***	-0.585***	-0.586***	-0.584***	-0.599***
I	-0.021	0.080	-0.001	0.016	0.004	0.007	0.009	0.108
BM_1	-0.092							0.019
$BM_1 \times I$	0.278							0.110
BM_2		0.187						0.362
$BM_2 \times I$		-0.377						-0.514
BM_3			-0.083					-0.017
$BM_3 \times I$			0.075					-0.004
BM_5				0.057				0.292
$BM_5 \times I$				-0.158				-0.411
BM_8					-0.383			-0.830
$BM_8 \times I$					0.399			0.891
BM_9						-0.054		0.594
$BM_9 \times I$						0.058		-0.627
BM_{10}							0.059	0.116
$BM_{10} \times I$							0.006	-0.059
Indu	Yes	Yes	Yes	Yes	Yes	Yes	Yes	Yes
ΔR^2	0.002	0.003	0.000	0.000	0.001	0.000	0.000	0.008
Adjusted R^2	0.366	0.358	0.332	0.338	0.333	0.332	0.336	0.369
F (Prob)	15.03***	14.62***	13.16***	13.49***	13.19***	13.15***	13.36***	9.339***

注：* 表示$p<0.1$，** 表示$p<0.05$，*** 表示$p<0.01$，BM_i表示商业模式类型i，I表示市场化指数。

增加交互项后，市场化指数和各商业模式的交互项回归系数不显著，结果不支持假设9。

市场化指数对商业模式—主营业务利润率的回归结果如表5-23所示。

表5-23 市场化指数对商业模式—主营业务利润率的回归结果

变量	M1	M2	M3	M4	M5	M6	M7	M8
Size	0.004	0.020	-0.009	-0.014	-0.0015	-0.007	-0.019	0.012
Age	-0.134***	-0.175***	-0.148***	-0.130***	-0.133***	-0.133***	-0.122**	-0.174***
I	-0.087	0.127	-0.023	-0.062	-0.040	-0.040	-0.019	0.088
BM_1	-0.122							-0.157
$BM_1 \times I$	0.534*							0.439
BM_2		0.285						0.326
$BM_2 \times I$		-0.792***						-0.695*
BM_3			0.132					0.377
$BM_3 \times I$			-0.031					-0.302
BM_5				-0.486				-0.162
$BM_5 \times I$				0.422				0.087
BM_8					0.767			2.024**
$BM_8 \times I$					-0.558			-1.802**
BM_9						-0.222		-0.925
$BM_9 \times I$						0.380		1.031
BM_{10}							0.448	0.576**
$BM_{10} \times I$							-0.384	-0.462*
Indu	Yes	Yes	Yes	Yes	Yes	Yes	Yes	Yes
ΔR^2	0.006	0.013	0.000	0.003	0.001	0.001	0.004	
Adjusted R^2	0.253	0.277	0.107	0.104	0.125	0.118	0.106	0.391
F（Prob）	9.241***	10.36***	3.933***	3.823***	4.501***	4.268***	3.883***	10.15***

注：*表示$p<0.1$，**表示$p<0.05$，***表示$p<0.01$，BM_i表示商业模式类型i，I表示市场化指数。

增加交互项后，市场化指数和商业模式1、商业模式2的交互项回归系数显著（$\beta_1 = 0.534$，$p<0.1$；$\beta_2 = -0.792$，$p<0.01$），结果显示，市场化指数作为调节变量对商业模式 1（实物设计开发者）、商业模式 2（实物生产商）对主营业务利润率的影响具有抑制作用，假设 10 得到支持。

市场化指数对商业模式—营业收入 3 年增长率的回归结果如表 5-24 所示。

表 5-24 市场化指数对商业模式—营业收入 3 年增长率的回归结果

变量	M1	M2	M3	M4	M5	M6	M7	M8
Size	0.283***	0.292***	0.278***	0.290***	0.282***	0.282***	0.263***	0.276***
Age	-0.013	-0.022	-0.005	-0.014	-0.006	-0.008	-0.013	-0.030
I	0.052	0.082	0.061	0.065	0.035	0.032	0.028	0.220
BM_1	0.146							0.206
$BM_1 \times I$	-0.097							-0.224
BM_2		0.064						0.360
$BM_2 \times I$		-0.223						-0.548
BM_3			0.225					0.188
$BM_3 \times I$			-0.241					-0.210
BM_5				0.377				0.496
$BM_5 \times I$				-0.458				-0.572
BM_8					-0.450			-0.561
$BM_8 \times I$					0.406			0.568
BM_9						-0.303		0.386
$BM_9 \times I$						0.318		-0.383
BM_{10}							-0.129	0.051
$BM_{10} \times I$							0.316	0.117
Indu	Yes	Yes	Yes	Yes	Yes	Yes	Yes	Yes
ΔR^2	0.000	0.001	0.001	0.004	0.001	0.001	0.002	0.009
Adjusted R^2	0.098	0.114	0.098	0.103	0.098	0.097	0.129	0.126
F（Prob）	3.504***	3.969***	3.502***	3.659***	3.514***	0.348***	4.424***	0.2943***

注：* 表示 $p<0.1$，** 表示 $p<0.05$，*** 表示 $p<0.01$，BM_i 表示商业模式类型 i，I 表示市场化指数。

增加交互项后，市场化指数和各商业模式的交互项回归系数不显著，结果不支持假设 11。

市场化指数对商业模式—净利润 3 年增长率的回归结果如表 5-25 所示。

表 5-25 市场化指数对商业模式—净利润 3 年增长率的回归结果

变量	M1	M2	M3	M4	M5	M6	M7	M8
Size	0.267***	0.268***	0.262***	0.262***	0.256***	0.261***	0.260***	0.266***
Age	-0.217***	-0.223***	-0.210***	-0.207***	-0.203***	-0.205***	-0.205***	-0.231***
I	-0.019	0.194**	0.037	0.038	0.028	0.036	0.039	0.261
BM_1	-0.306							0.025
$BM_1 \times I$	0.498*							0.094
BM_2		0.659**						-0.904**
$BM_2 \times I$		-0.903***						-1.102**
BM_3			0.009					0.118
$BM_3 \times I$			0.030					-0.101
BM_5				-0.014				0.452
$BM_5 \times I$				-0.022				-0.541
BM_8					-0.824			-1.27
$BM_8 \times I$					0.869			1.344
BM_9						-0.075		0.956
$BM_9 \times I$						0.100		-0.973
BM_{10}							0.023	0.245
$BM_{10} \times I$							-0.017	-0.232
Indu	Yes	Yes	Yes	Yes	Yes	Yes	Yes	Yes
ΔR^2	0.006	0.017	0.000	0.000	0.003	0.000	0.000	0.027
Adjusted R^2	0.206	0.219	0.169	0.169	0.172	0.168	0.168	0.218
F (Prob)	6.970***	7.454***	5.699***	5.674***	5.781***	5.666***	5.649***	4.750

注：* 表示 $p<0.1$，** 表示 $p<0.05$，*** 表示 $p<0.01$，BM_i 表示商业模式类型 i，I 表示市场化指数。

增加交互项后，市场化指数和商业模式 1、商业模式 2 的交互项回归系数显著（$\beta_1=0.498$，$p<0.1$；$\beta_2=-0.903$，$p<0.01$），结果显示，市场化指数作为调节变量对商业模式 1（实物设计开发者）、商业模式 2（实物生产

商)对净利润3年增长率的影响具有抑制作用,假设12得到支持。

市场化指数对商业模式—资产负债率的回归结果如表5-26所示。

表5-26 市场化指数对商业模式—资产负债率的回归结果

变量	M1	M2	M3	M4	M5	M6	M7	M8
Size	0.365***	0.374***	0.380***	0.381***	0.377***	0.373***	0.374***	0.385
Age	-0.297***	-0.286***	-0.286***	-0.295***	-0.292***	-0.293***	-0.305***	-0.301
I	0.048	-0.172**	-0.134**	-0.028	-0.077	-0.082*	-0.101**	0.036
BM_1	0.841***							1.026
$BM_1 \times I$	-0.995***							-1.18***
BM_2		-0.456						0.099
$BM_2 \times I$		0.556*						-0.077
BM_3			-0.500					-0.829***
$BM_3 \times I$			0.467					0.798***
BM_5				0.824**				0.770
$BM_5 \times I$				-0.774**				-0.753*
BM_8					-0.522			-0.398
$BM_8 \times I$					0.395			0.235
BM_9						-0.292		-0.057
$BM_9 \times I$						0.259		0.053
BM_{10}							-0.648**	-0.540*
$BM_{10} \times I$							0.657**	0.501*
Indu	Yes	Yes	Yes	Yes	Yes	Yes	Yes	Yes
ΔR^2	0.022	0.006	0.005	0.011	0.001	0.000	0.012	0.053
Adjusted R^2	0.217	0.187	0.182	0.190	0.187	0.177	0.188	0.244
F(Prob)	7.763***	6.624***	6.445***	6.714***	6.608***	6.264***	6.654***	5.585***

注:*表示$p<0.1$,**表示$p<0.05$,***表示$p<0.01$,BM_i表示商业模式类型i,I表示市场化指数。

增加交互项后,市场化指数和商业模式1、商业模式2、商业模式5、商业模式10的交互项回归系数显著($\beta_1 = -0.995$,$p<0.01$;$\beta_2 = 0.556$,$p<0.1$;$\beta_5 = -0.774$,$p<0.05$;$\beta_{10} = -0.657$,$p<0.05$),结果显示,市场化指数作为调节变量对商业模式1(实物设计开发者)、商业模式2(实物生产

商)、商业模式5(服务商)、商业模式10(平台提供者)对资产负债率的影响具有抑制作用,假设13得到支持。

5.3.4 地区情境调节效应

5.3.4.1 高校数量

高校数量对商业模式—加权净资产收益率的回归结果如表5-27所示。

表5-27 高校数量对商业模式—加权净资产收益率的回归结果

变量	M1	M2	M3	M4	M5	M6	M7	M8
Size	0.155***	0.159***	0.146***	0.150***	0.143***	0.148***	0.141***	0.153***
Age	−0.596***	−0.604***	−0.590***	−0.595***	−0.588***	−0.593***	−0.588***	−0.597***
G	−0.111**	−0.100	−0.152***	−0.101**	−0.084*	−0.103**	−0.106**	−0.247*
BM_1	0.072							−0.036
$BM_1 \times G$	0.107							0.184
BM_2		−0.247						−0.309
$BM_2 \times G$		0.098						0.242
BM_3			−0.269*					−0.291*
$BM_3 \times G$			0.265*					0.295*
BM_5				−0.085				−0.157
$BM_5 \times G$				−0.019				0.082
BM_8					0.197			0.273
$BM_8 \times G$					−0.190			−0.234
BM_9						−0.047		−0.263
$BM_9 \times G$						0.046		0.236
BM_{10}							−0.083	−0.160
$BM_{10} \times G$							0.153	0.223
Indu	Yes	Yes	Yes	Yes	Yes	Yes	Yes	Yes
ΔR^2	0.001	0.001	0.005	0.000	0.003	0.000	0.002	0.013
Adjusted R^2	0.371	0.360	0.347	0.348	0.345	0.342	0.347	0.381
F(Prob)	15.39***	14.76***	13.98***	14.04***	13.84***	13.68***	13.99***	9.748***

注:*表示$p<0.1$,**表示$p<0.05$,***表示$p<0.01$,BM_i表示商业模式类型i,G表示高校数量。

增加交互项后,高校数量和商业模式 3 的交互项回归系数显著($\beta_3=-0.265$,p<0.1),结果显示,高校数量作为调节变量对商业模式 3(实物销售商)对加权净资产收益率的影响具有抑制作用,假设 14 得到支持。

高校数量对商业模式—主营业务利润率的回归结果如表 5-28 所示。

表 5-28　高校数量对商业模式—主营业务利润率的回归结果

变量	M1	M2	M3	M4	M5	M6	M7	M8
Size	-0.005	0.032	-0.014	-0.010	-0.021	-0.008	-0.022	0.019
Age	-0.146***	-0.192***	-0.154***	-0.144***	-0.141***	-0.147***	-0.131***	-0.195***
G	-0.132**	-0.029	-0.176***	-0.228***	-0.195***	-0.187***	-0.195***	-0.027
BM_1	0.460***							0.308
$BM_1 \times G$	-0.071							-0.033
BM_2		-0.158						-0.063
$BM_2 \times G$		-0.337*						-0.285
BM_3			0.093					0.137
$BM_3 \times G$			0.055					-0.068
BM_5				-0.401**				-0.123
$BM_5 \times G$				0.342*				0.052
BM_8					0.067			0.337
$BM_8 \times G$					0.145			-0.098
BM_9						-0.109		-0.113
$BM_9 \times G$						0.261		0.207
BM_{10}							-0.250	-0.098
$BM_{10} \times G$							0.330*	0.230
Indu	Yes	Yes	Yes	Yes	Yes	Yes	Yes	Yes
ΔR^2	0.000	0.006	0.000	0.007	0.002	0.004	0.008	0.012
Adjusted R^2	0.267	0.282	0.136	0.139	0.156	0.150	0.140	0.383
F(Prob)	9.863***	10.58***	4.844***	4.948***	5.505***	5.293***	4.982***	9.836***

注:* 表示 p<0.1,** 表示 p<0.05,*** 表示 p<0.01,BM_i 表示商业模式类型 i,G 表示高校数量。

增加交互项后,高校数量和商业模式 2、商业模式 5、商业模式 10 的交互项回归系数显著($\beta_2=-0.337$,p<0.1;$\beta_5=-0.342$,p<0.1;$\beta_{10}=-0.330$, p<0.1），结果显示，高校数量作为调节变量对商业模式2（实物生产商）对主营业务收益率的影响具有加强作用，对商业模式5（服务商）、商业模式10（平台提供者）对主营业务利润率的影响具有抑制作用，假设15得到支持。

高校数量对商业模式—总资产周转率的回归结果如表5-29所示。

表5-29 高校数量对商业模式—总资产周转率的回归结果

变量	M1	M2	M3	M4	M5	M6	M7	M8
Size	0.035	0.022	0.038	0.045	0.040	0.038	0.029	0.008
Age	-0.330***	-0.304***	-0.311***	-0.331***	-0.323***	-0.322***	-0.329***	-0.296***
G	0.404	-0.132**	-0.057	0.037	0.043	0.022	0.023	-0.091
BM_1	0.052							0.129
$BM_1 \times G$	-0.173							-0.225
BM_2		-0.383**						-0.276
$BM_2 \times G$		0.533***						0.345
BM_3			-0.432***					-0.480***
$BM_3 \times G$			0.335**					0.396**
BM_5					0.079			-0.015
$BM_5 \times G$					-0.211			-0.079
BM_8						0.240		0.055
$BM_8 \times G$						-0.329**		-0.101
BM_9							0.169	0.089
$BM_9 \times G$							-0.235	-0.168
BM_{10}							0.319	0.220
$BM_{10} \times G$							-0.199	-0.143
Indu	Yes	Yes	Yes	Yes	Yes	Yes	Yes	Yes
ΔR^2	0.002	0.016	0.008	0.003	0.008	0.004	0.003	0.029
Adjusted R^2	0.204	0.211	0.209	0.200	0.201	0.195	0.207	0.242
F（Prob）	7.232***	7.524***	7.462***	7.112***	7.138***	6.929***	7.356***	5.545***

注：* 表示 $p<0.1$，** 表示 $p<0.05$，*** 表示 $p<0.01$，BM_i 表示商业模式类型 i，G 表示高校数量。

增加交互项后，高校数量和商业模式2、商业模式3、商业模式8的交互项回归系数显著（$\beta_2 = -0.553$，$p<0.01$；$\beta_3 = -0.335$，$p<0.05$；$\beta_8 = -0.329$，

$p<0.05$），结果显示，高校数量作为调节变量对商业模式2（实物生产商）、商业模式3（实物销售商）、商业模式8（信息提供者）对总资产周转率的影响具有抑制作用，假设16得到支持。

高校数量对商业模式—固定资产周转率的回归结果如表5-30所示。

表5-30 高校数量对商业模式—固定资产周转率的回归结果

变量	M1	M2	M3	M4	M5	M6	M7	M8
Size	0.034	0.035	0.033	0.033	0.031	0.029	0.033	0.059
Age	-0.196***	-0.197***	-0.200***	-0.196***	-0.190***	-0.185***	-0.190***	-0.197***
G	-0.063	-0.100	-0.070	-0.040	-0.044	-0.049	-0.081*	-0.089
BM_1	0.062							-0.094
$BM_1 \times G$	-0.001							0.095
BM_2		-0.234						-0.206
$BM_2 \times G$		0.175						0.105
BM_3			0.012					-0.029
$BM_3 \times G$			0.018					0.048
BM_5				0.126				-0.020
$BM_5 \times G$				-0.248				-0.159
BM_8					0.138			-0.281
$BM_8 \times G$					-0.268*			0.113
BM_9						0.393**		0.480**
$BM_9 \times G$						-0.341**		-0.410*
BM_{10}							-0.299*	-0.351**
$BM_{10} \times G$							0.315**	0.306*
Indu	Yes	Yes	Yes	Yes	Yes	Yes	Yes	Yes
ΔR^2	0.000	0.002	0.000	0.004	0.005	0.007	0.007	0.018
Adjusted R^2	0.235	0.238	0.233	0.243	0.246	0.243	0.239	0.262
F（Prob）	8.480***	8.623***	8.398***	9.821***	8.970***	8.822***	8.677***	6.053***

注：*表示$p<0.1$，**表示$p<0.05$，***表示$p<0.01$，BM_i表示商业模式类型i，G表示高校数量。

增加交互项后，高校数量和商业模式8、商业模式9、商业模式10的交互项回归系数显著（$\beta_8 = -0.268$，$p<0.1$；$\beta_9 = -0.341$，$p<0.05$；$\beta_{10} = 0.315$， p<0.05），结果显示，高校数量作为调节变量对商业模式 8（信息提供者）、商业模式 9（信息销售商）、商业模式 10（平台提供者）对固定资产周转率的影响具有抑制作用，假设 17 得到支持。

高校数量对商业模式—营业收入 3 年增长率的回归结果如表 5-31 所示。

表 5-31　高校数量对商业模式—营业收入 3 年增长率的回归结果

变量	M1	M2	M3	M4	M5	M6	M7	M8
Size	0.282***	0.282***	0.281***	0.285***	0.282***	0.282***	0.261***	0.266***
Age	-0.010	0.079*	-0.015	-0.016	-0.011	-0.011	-0.020	-0.027
G	-0.034	-0.156**	-0.129**	-0.045	-0.045	-0.048	-0.028	-0.172
BM_1	0.121							0.063
$BM_1 \times G$	-0.082							-0.063
BM_2		-0.572***						-0.498*
$BM_2 \times G$		0.489**						0.401
BM_3			-0.380**					-0.374**
$BM_3 \times G$			0.376**					0.368
BM_5				0.010				-0.014
$BM_5 \times G$				-0.092				-0.044
BM_8					0.045			-0.105
$BM_8 \times G$					0.091			0.106
BM_9						0.089		0.124
$BM_9 \times G$						-0.079		-0.106
BM_{10}							0.681***	0.606***
$BM_{10} \times G$							-0.519***	-0.454**
Indu	Yes	Yes	Yes	Yes	Yes	Yes	Yes	Yes
ΔR^2	0.000	0.013	0.010	0.001	0.001	0.000	0.021	0.039
Adjusted R^2	0.100	0.126	0.109	0.102	0.100	0.098	0.15	0.158
F（Prob）	3.542***	4.319***	3.815***	3.618***	3.551***	3.517***	5.076***	3.521***

注：* 表示 p<0.1，** 表示 p<0.05，*** 表示 p<0.01，BM_i 表示商业模式类型 i，G 表示高校数量。

增加交互项后，高校数量和商业模式 2、商业模式 3、商业模式 10 的交互项回归系数显著（$\beta_2 = 0.489$，p<0.05；$\beta_3 = 0.376$，p<0.05；$\beta_{10} = -0.519$， p<0.01），结果显示，高校数量作为调节变量对商业模式 2（实物生产商）、商业模式 3（实物销售商）、商业模式 10（平台提供者）对营业收入 3 年增长率的影响具有抑制作用，假设 18 得到支持。

高校数量对商业模式—净利润 3 年增长率的回归结果如表 5-32 所示。

表 5-32　高校数量对商业模式—净利润 3 年增长率的回归结果

变量	M1	M2	M3	M4	M5	M6	M7	M8
Size	0.268***	0.274***	0.260***	0.261***	0.254***	0.260***	0.260***	0.271***
Age	-0.227***	-0.230***	-0.223***	-0.217***	-0.210***	-0.212***	-0.213***	-0.240***
G	-0.132**	-0.093	-0.178***	-0.106**	-0.078	-0.098**	-0.108	-0.328***
BM_1	-0.017							-0.157
$BM_1 \times G$	0.202							0.303
BM_2		-0.259						-0.423
$BM_2 \times G$		0.076						0.345
BM_3			-0.347**					-0.355**
$BM_3 \times G$			0.394**					0.410**
BM_5				-0.057				-0.261
$BM_5 \times G$				0.014				0.240
BM_8					0.310*			0.382*
$BM_8 \times G$					-0.276*			-0.342
BM_9						0.090		-0.253
$BM_9 \times G$						-0.072		0.253
BM_{10}							-0.116	-0.218
$BM_{10} \times G$							0.126	0.238
Indu	Yes	Yes	Yes	Yes	Yes	Yes	Yes	Yes
ΔR^2	0.003	0.000	0.011	0.000	0.006	0.000	0.001	0.025
Adjusted R^2	0.208	0.203	0.189	0.178	0.184	0.177	0.178	0.219
F（Prob）	7.045***	6.885***	6.366***	5.981***	6.191***	5.963***	5.986***	4.768***

注：* 表示 p<0.1，** 表示 p<0.05，*** 表示 p<0.01，BM_i 表示商业模式类型 i，G 表示高校数量。

增加交互项后，高校数量和商业模式 3、商业模式 8 的交互项回归系数显著（$\beta_3=0.394$，$p<0.05$；$\beta_8=-0.276$，$p<0.1$），结果显示，高校数量作为调节变量对商业模式3（实物销售商）、商业模式8（信息提供者）对净利润3年增长率的影响具有抑制作用，假设19得到支持。

5.3.4.2 网络普及率

网络普及率对商业模式—加权净资产收益率的回归结果如表5-33所示。

表5-33 网络普及率对商业模式—加权净资产收益率的回归结果

变量	M1	M2	M3	M4	M5	M6	M7	M8
Size	0.152***	0.158***	0.144***	0.152***	0.145***	0.146***	0.141***	0.153***
Age	-0.587***	-0.598***	-0.581***	-0.585***	-0.580***	-0.580***	-0.578***	-0.596***
W	0.082	0.099*	0.104*	0.091*	0.066	0.074	0.086**	0.201*
BM_1	0.170							0.202
$BM_1 \times W$	0.013							-0.069
BM_2		-0.035						0.132
$BM_2 \times W$		-0.140						-0.258
BM_3			0.143					0.188
$BM_3 \times W$			-0.155					-0.209
BM_5					-0.000213			0.135
$BM_5 \times W$					-0.106			-0.248
BM_8						-0.411		-0.528
$BM_8 \times W$						0.420		0.572
BM_9							-0.142	0.306
$BM_9 \times W$							0.145	-0.333
BM_{10}							0.177	0.233
$BM_{10} \times W$							-0.108	-0.178
Indu	Yes	Yes	Yes	Yes	Yes	Yes	Yes	Yes
ΔR^2	0.000	0.001	0.001	0.000	0.002	0.000	0.000	0.007
Adjusted R^2	0.370	0.360	0.339	0.344	0.340	0.338	0.343	0.374
F（Prob）	15.29***	14.74***	13.50***	13.82***	13.56***	13.46***	13.72***	9.497***

注：*表示$p<0.1$，**表示$p<0.05$，***表示$p<0.01$，BM_i表示商业模式类型i，W表示网络普及率。

增加交互项后，网络普及率和各商业模式的交互项回归系数不显著，结果不支持假设 20。

网络普及率对商业模式—主营业务利润率的回归结果如表 5-34 所示。

表 5-34 网络普及率对商业模式—主营业务利润率的回归结果

变量	M1	M2	M3	M4	M5	M6	M7	M8
Size	-0.002	0.020	-0.010	-0.012	-0.021	-0.010	-0.012	0.018
Age	-0.133***	-0.172***	-0.142***	-0.127**	-0.124**	-0.126**	-0.114**	-0.174***
W	-0.014	0.083	0.044	0.061	0.033	0.049	0.081	0.044
BM_1	0.052							-0.037
$BM_1 \times W$	0.366*							0.330
BM_2		-0.256						-0.084
$BM_2 \times W$		-0.225						-0.252
BM_3			0.032					0.135
$BM_3 \times W$			0.074					-0.051
BM_5				-0.041				-0.010
$BM_5 \times W$				-0.035				-0.071
BM_8					-0.057			-0.494
$BM_8 \times W$					0.262			0.751
BM_9						0.108		0.579
$BM_9 \times W$						0.045		-0.497
BM_{10}							0.680***	0.702***
$BM_{10} \times W$							-0.619***	-0.591***
Indu	Yes	Yes	Yes	Yes	Yes	Yes	Yes	Yes
ΔR^2	0.005	0.002	0.000	0.000	0.001	0.000	0.016	0.025
Adjusted R^2	0.255	0.267	0.110	0.102	0.125	0.118	0.121	0.389
F (Prob)	9.321***	9.897***	4.008***	3.781***	4.475***	4.274***	4.349***	10.05***

注：*表示 $p<0.1$，**表示 $p<0.05$，***表示 $p<0.01$，BM_i 表示商业模式类型 i，W 表示网络普及率。

增加交互项后，网络普及率和商业模式 1、商业模式 10 的交互项回归系数显著（$\beta_1=0.366$，$p<0.1$；$\beta_{10}=-0.619$，$p<0.01$），结果显示，网络普及率作为调节变量对商业模式 1（实物设计开发者）对主营业务利润率的影响

具有加强作用；对商业模式10（平台提供者）对主营业务利润率的影响具有抑制作用，假设21得到支持。

网络普及率对商业模式—总资产周转率的回归结果如表5-35所示。

表5-35　网络普及率对商业模式—总资产周转率的回归结果

变量	M1	M2	M3	M4	M5	M6	M7	M8
Size	0.036	0.042	0.031	0.049	0.042	0.038	0.026	0.027
Age	-0.325***	-0.320***	-0.308***	-0.331***	-0.324***	-0.324***	-0.322***	-0.309***
W	0.052	0.004	0.119**	0.091*	0.067	0.066	0.075	0.033
BM_1	-0.192							-0.283
$BM_1 \times W$	0.082							0.182
BM_2		-0.247						-0.374
$BM_2 \times W$		0.346						0.387
BM_3			0.204					0.267
$BM_3 \times W$			-0.322					-0.380*
BM_5					0.083			-0.096
$BM_5 \times W$					-0.215			0.005
BM_8						-0.283		0.082
$BM_8 \times W$						0.198		-0.133
BM_9							-0.170	-0.416
$BM_9 \times W$							0.109	0.357
BM_{10}							0.125	0.032
$BM_{10} \times W$							0.007	0.056
Indu	Yes	Yes	Yes	Yes	Yes	Yes	Yes	Yes
ΔR^2	0.000	0.004	0.004	0.001	0.000	0.000	0.000	0.010
Adjusted R^2	0.206	0.203	0.209	0.203	0.198	0.196	0.208	0.228
F（Prob）	7.324***	7.225***	7.450***	7.228***	7.009***	6.950***	7.428***	5.213***

注：* 表示 $p<0.1$，** 表示 $p<0.05$，*** 表示 $p<0.01$，BM_i 表示商业模式类型i，W 表示网络普及率。

增加交互项后，网络普及率和各商业模式的交互项回归系数不显著，结果不支持假设22。

网络普及率对商业模式—固定资产周转率的回归结果如表5-36所示。

表5-36 网络普及率对商业模式—固定资产周转率的回归结果

变量	M1	M2	M3	M4	M5	M6	M7	M8
Size	0.033	0.033	0.031	0.036	0.033	0.030	0.038	0.062
Age	-0.189***	-0.194***	-0.194***	-0.190***	-0.183***	-0.181***	-0.181***	-0.196***
W	0.049	0.105*	0.078	0.074	0.057	0.049	0.081*	0.222*
BM_1	-0.018							0.175
$BM_1 \times W$	0.088							-0.176
BM_2		0.132						0.295
$BM_2 \times W$		-0.224						-0.407
BM_3			0.100					0.065
$BM_3 \times W$			-0.067					-0.038
BM_5				-0.067				0.070
$BM_5 \times W$				-0.042				-0.236
BM_8					-0.840**			-0.538
$BM_8 \times W$					0.717*			0.344
BM_9						-0.591*		-0.192
$BM_9 \times W$						0.661*		0.284
BM_{10}							0.438**	0.447**
$BM_{10} \times W$							-0.437**	-0.506
Indu	Yes	Yes	Yes	Yes	Yes	Yes	Yes	Yes
ΔR^2	0.000	0.002	0.000	0.000	0.006	0.007	0.008	0.019
Adjusted R^2	0.236	0.239	0.233	0.238	0.248	0.242	0.240	0.267
F(Prob)	8.504***	8.655***	8.395***	8.635***	9.033***	8.776***	8.695***	6.175***

注:*表示p<0.1,**表示p<0.05,***表示p<0.01,BM_i表示商业模式类型i,W表示网络普及率。

增加交互项后,网络普及率和商业模式8、商业模式9、商业模式10的交互项回归系数显著($\beta_8 = 0.717$,p<0.1;$\beta_9 = 0.661$,p<0.1;$\beta_{10} = -0.437$,p<0.05),结果显示,网络普及率作为调节变量对商业模式8(信息提供者)、商业模式9(信息销售商)、商业模式10(平台提供者)对固定资产

周转率的影响具有抑制作用，假设 23 得到支持。

网络普及率对商业模式—营业收入 3 年增长率的回归结果如表 5-37 所示。

表 5-37 网络普及率对商业模式—营业收入 3 年增长率的回归结果

变量	M1	M2	M3	M4	M5	M6	M7	M8
Size	0.280***	0.288***	0.272***	0.289***	0.281***	0.279***	0.248***	0.257***
Age	-0.013	-0.020	-0.010	-0.014	-0.006	-0.004	-0.009	-0.026
W	0.163	0.136**	0.200***	0.157**	0.124**	0.115**	0.112**	0.312**
BM_1	0.228							0.217
$BM_1 \times W$	-0.183							-0.237
BM_2		-0.035						0.075
$BM_2 \times W$		-0.107						-0.236
BM_3			0.417*					0.385
$BM_3 \times W$			-0.442*					-0.421*
BM_5				0.234				0.164
$BM_5 \times W$				-0.336				-0.250
BM_8					-0.134			0.747
$BM_8 \times W$					0.078			-0.777
BM_9						-0.236		-0.642
$BM_9 \times W$						0.249		0.663
BM_{10}							-0.440*	-0.347
$BM_{10} \times W$							0.641**	0.539**
Indu	Yes	Yes	Yes	Yes	Yes	Yes	Yes	Yes
ΔR^2	0.001	0.000	0.008	0.003	0.000	0.001	0.013	0.089
Adjusted R^2	0.112	0.124	0.117	0.116	0.111	0.110	0.155	0.161
F（Prob）	3.911***	4.249***	4.053***	4.031***	3.866***	3.840***	5.24***	3.579***

注：* 表示 p<0.1，** 表示 p<0.05，*** 表示 p<0.01，BM_i 表示商业模式类型 i，W 表示网络普及率。

增加交互项后，网络普及率和商业模式 3 的交互项回归系数显著（β_3 = -0.442，p<0.1），结果显示，网络普及率作为调节变量对商业模式 3（实物销

售商）对营业收入3年增长率的影响具有抑制作用，假设24得到支持。

网络普及率对商业模式—净利润3年增长率的回归结果如表5-38所示。

表5-38 网络普及率对商业模式—净利润3年增长率的回归结果

变量	M1	M2	M3	M4	M5	M6	M7	M8
Size	0.263***	0.260***	0.255***	0.263***	0.257***	0.258***	0.260***	0.262***
Age	-0.220***	-0.219***	-0.213***	-0.208***	-0.204***	-0.202***	-0.205***	-0.235***
W	0.080	0.191***	0.149**	0.118**	0.092*	0.094*	0.107**	0.362***
BM_1	0.052							0.257
$BM_1 \times W$	0.139							-0.138
BM_2		0.310						0.576**
$BM_2 \times W$		-0.521**						-0.732**
BM_3			0.293					0.285
$BM_3 \times W$			-0.260					-0.268
BM_5				0.103				0.344
$BM_5 \times W$				-0.153				-0.444
BM_8					-0.252			-0.065
$BM_8 \times W$					0.288			0.122
BM_9						-0.263		0.057
$BM_9 \times W$						0.287		-0.071
BM_{10}							0.174	0.368
$BM_{10} \times W$							-0.164	-0.355
Indu	Yes	Yes	Yes	Yes	Yes	Yes	Yes	Yes
ΔR^2	0.001	0.010	0.003	0.001	0.001	0.001	0.001	0.020
Adjusted R^2	0.209	0.216	0.180	0.178	0.177	0.177	0.177	0.217
F (Prob)	7.082***	7.360***	6.064***	5.983***	5.976***	5.976***	5.952***	4.737***

注：*表示 $p<0.1$，**表示 $p<0.05$，***表示 $p<0.01$，BM_i 表示商业模式类型 i，W 表示网络普及率。

增加交互项后，网络普及率和商业模式2的交互项回归系数显著（$\beta_2 = -0.521$，$p<0.05$），结果显示，网络普及率作为调节变量对商业模式2（实物生产商）对净利润3年增长率的影响具有抑制作用，假设25得到支持。

网络普及率对商业模式—资产负债率的回归结果如表5-39所示。

表5-39 网络普及率对商业模式—资产负债率的回归结果

变量	M1	M2	M3	M4	M5	M6	M7	M8
Size	0.370***	0.374***	0.375***	0.377***	0.378***	0.372***	0.369***	0.371***
Age	-0.289***	-0.287***	-0.285***	-0.293***	-0.291***	-0.289***	-0.297***	0.379***
W	0.001	-0.132**	-0.121**	-0.077	-0.091	-0.103**	-0.113**	0.038
BM_1	0.352							0.447
$BM_1 \times W$	-0.506**							-0.624**
BM_2		-0.113						0.048
$BM_2 \times W$		0.184						-0.060
BM_3			-0.150					-0.231
$BM_3 \times W$			0.119					0.200
BM_5				0.346				0.414
$BM_5 \times W$				-0.282				-0.390
BM_8					-0.142			0.253
$BM_8 \times W$					0.017			-0.438
BM_9						-0.237		-0.375
$BM_9 \times W$						0.206		0.391
BM_{10}							-0.358*	-0.298
$BM_{10} \times W$							0.359*	0.265
Indu	Yes	Yes	Yes	Yes	Yes	Yes	Yes	Yes
ΔR^2	0.010	0.001	0.001	0.002	0.000	0.001	0.005	0.023
Adjusted R^2	0.207	0.183	0.181	0.185	0.188	0.180	0.185	0.213
F（Prob）	7.344***	6.485***	6.380***	6.534***	6.669***	6.375***	6.526***	4.863***

注：* 表示 $p<0.1$，** 表示 $p<0.05$，*** 表示 $p<0.01$，BM_i 表示商业模式类型 i，W 表示网络普及率。

增加交互项后，网络普及率和商业模式1、商业模式10的交互项回归系数显著（$\beta_1=-0.506$，$p<0.05$；$\beta_{10}=-0.359$，$p<0.1$），结果显示，网络普及率作为调节变量对商业模式10（平台提供者）对资产负债率的影响具有

抑制作用，假设26得到支持。

综合表5-14至表5-39得到情境因素对商业模式与企业绩效关系调节作用汇总，如表5-40所示。

表5-40 情境因素对商业模式与企业绩效关系调节作用汇总

指标	BM_1	BM_2	BM_3	BM_5	BM_8	BM_9	BM_{10}
Z	−TATO(−) +FAT(−)	−ROE(+) −TATO(−)		−ZY(−) −FAT(+)	−FAT(+)	+FAT(−)	
D		−TATO(−) −FAT(−)			−TATO(−)	−TATO(−)	+TATO(−) −FAT(−)
I	+NPGR(−) +ZY(−) −ALR(−)	−NPGR(−) −ZY(−) −ALR(−)		+ALR(−)			−ALR(−)
G		−ZY(+) −TATO(−) −ORGR(−)	−ROE(−) −TATO(−) +ORGR(−) +NPGR(−)	−ZY(−)	−TATO(−) −FAT(−) +NPGR(−)	+FAT(−)	+ZY(−) −FAT(−) +ORGR(−)
W	+ZY(+) −ALR(−)	−NPGR(−)	−ORGR(−)		−FAT(−)	+FAT(−)	+ZY(−) −FAT(−) −ALR(−)

注：表中（+）表示加强调节作用，（−）表示抑制调节作用，变量前符号为表4-13中商业模式的回归系数符号。

可以看出，对于一些商业模式的绩效指标，分别受到不同情境因素的相同调节效应，例如政府补助（Z）和第一大股东持股比例（D）对商业模式2（BM_2）的总资产周转率（TATO）影响效应一致。那么，这些情境因素和商业模式之间是否还存在更为复杂的交互作用和复合影响？多种情境因素的共同作用是否仍存在显著的调节效应？我们将对此进行进一步研究。

5.3.5 多情境因素综合调节效应

初步分析表明，情境因素对商业模式影响企业的经营能力指标调节作用最为突出，根据单一情境因素对商业模式影响企业绩效的调节作用研究结果，选取调节作用显著性 $p<0.05$ 的多情境因素进行组合，从运营能力方面

验证多情境因素的综合调节效应，提出假设如下：

H27：高校数量和网络普及率的综合作用对商业模式10的固定资产周转率产生调节作用。

H28：第一大股东持股比例和高校数量的综合作用对商业模式8的总资产周转率产生调节作用。

H29：政府补助和高校数量的综合作用对商业模式2的总资产周转率产生调节作用。

对所增加的交互项自变量进行相关分析，分析表明，相关系数均较低，且自变量的单位特征根、VIF值满足要求，采用层次回归方法得到结果如表5-41至表5-43所示。

表5-41 高校数量 & 网络普及率对商业模式10—固定资产周转率的回归结果

变量	M1	M2	M3	M4	M5	M6
Size	0.033	0.029	0.028	0.030	0.038	0.037
Age	−0.191***	−0.191***	−0.189***	−0.185	−0.179***	−0.178***
G		−0.060	0.217	0.174	0.248	0.219
W		0.057	0.251	0.228	0.292	0.271
BM_{10}		0.008	0.010	−0.280*	0.174	−0.190
G×W			−0.312	−0.278	−0.356	−0.324
BM_{10}×G				0.301*	0.284*	0.737
BM_{10}×W					−0.446**	−0.015
BM_{10}×I×W						−0.516
Indu	Yes	Yes	Yes	Yes	Yes	Yes
ΔR^2	0.259	0.007	0.002	0.006	0.008	0.001
Adjusted R^2	0.233	0.235	0.235	0.240	0.247	0.246
F（Prob）	10.011***	8.485***	8.086***	7.896***	7.795***	7.430***

注：* 表示 $p<0.1$，** 表示 $p<0.05$，*** 表示 $p<0.01$，BM_i 表示商业模式类型i，G 表示高校数量，W 表示网络普及率。

可以看出，增加交互项后，高校数量、网络普及率和商业模式10的交互项回归系数依然显著，但高校数量和网络普及率的交互项系数不显著，高校数量和网络普及率与商业模式 10 三者的交互项系数也不显著，假设 27 未得到支持。

表 5-42 第一大股东持股比例 & 高校数量对商业模式 8—总资产周转率的回归结果

变量	M1	M2	M3	M4	M5	M6
Size	0.043	0.045	0.045	0.041	0.036	0.036
Age	-0.330***	-0.329***	-0.328***	-0.327***	-0.321***	-0.321***
D		-0.006	-0.098	-0.024	-0.001	0.003
G		0.014	-0.037	-0.008	0.033	0.035
BM_8		-0.078	-0.080	0.117	0.423**	0.485
D×G			0.110	0.048	0.019	0.015
BM_8×D				-0.216**	-0.213*	-0.279
BM_8×G					-0.320**	-0.388
BM_8×D×G						0.072
Indu	Yes	Yes	Yes	Yes	Yes	Yes
ΔR^2	0.222	0.004	0.001	0.008	0.008	0.000
Adjusted R^2	0.195	0.193	0.191	0.197	0.203	0.201
F（Prob）	8.169***	6.824***	6.452***	6.363***	6.285***	5.972***

注：* 表示 p<0.1，** 表示 p<0.05，*** 表示 p<0.01，BM_i 表示商业模式类型 i，D 表示第一大股东持股比例，G 表示高校数量。

可以看出，增加交互项后，第一大股东持股比例、高校数量和商业模式 8 的交互项回归系数依然显著，但第一大股东持股比例和高校数量的交互项系数不显著，第一大股东持股比例和高校数量与商业模式 8 三者的交互项系数也不显著，假设 28 未得到支持。

表 5-43 政府补助 & 高校数量对商业模式 2—总资产周转率的回归结果

变量	M1	M2	M3	M4	M5	M6
Size	0.043	0.042	0.040	0.042	0.028	0.027
Age	-0.330***	-0.321***	-0.323***	-0.327***	-0.311***	-0.311***
Z		-0.018	0.370	0.453**	0.366	0.377
G		0.000	0.068	0.067	-0.065	-0.063
BM_2		0.087	0.084	0.152*	-0.267	-0.255

续表

变量	M1	M2	M3	M4	M5	M6
Z×G			-0.393*	-0.404*	-0.313	-0.324
BM_2×Z				-0.134**	-0.125**	-0.152
BM_2×G					0.470**	0.457*
BM_2×Z×G						0.027
Indu	Yes	Yes	Yes	Yes	Yes	Yes
ΔR^2	0.222	0.006	0.006	0.009	0.012	0.000
Adjusted R^2	0.195	0.195	0.199	0.206	0.217	0.215
F (Prob)	8.169***	6.905***	6.725***	6.680***	6.743***	6.406***

注：* 表示 p<0.1，** 表示 p<0.05，*** 表示 p<0.01，BM_i 表示商业模式类型 i，Z 表示政府补助，G 表示高校数量。

可以看出，增加交互项后，政府补助、高校数量和商业模式 2 的交互项回归系数依然显著，政府补助和高校数量交互项回归系数显著（β=-0.393，p<0.1），说明政府补助和高校数量对总资产周转率的影响具有交互作用；但政府补助和高校数量与商业模式 2 三者的交互项系数不显著，综合调节作用不明显，假设 29 未得到支持。另外，结果显示，商业模式和政府补助、高校数量的两个交互项在回归方程中比政府补助和高校数量的交互项的显著性更加稳健，说明在总资产周转率指标上，商业模式与情境因素交互作用比情境因素之间交互作用对企业绩效的影响更为显著。

5.3.6 结果讨论

5.3.6.1 稳健性检验

为了保证研究结果的稳健性和可靠性，本书以商业模式类型自变量和调节作用显著的调节变量为基准，尝试选用其他财务绩效指标（总资产报酬率、毛利率、存货周转率、产权比率）进行计算，结果发现显著项保持了稳定性，各变量的影响方向也与之前的研究结果保持一致，表明本书采用的模型是合适的。

5.3.6.2 调节作用统计分析

(1) 情境因素影响。将表5-40数据统计汇总,情境因素作为调节变量影响商业模式和企业绩效关系涉及46项,其中5项增强调节,41项抑制调节。各项指标数量占比统计分布情况如图5-2所示。

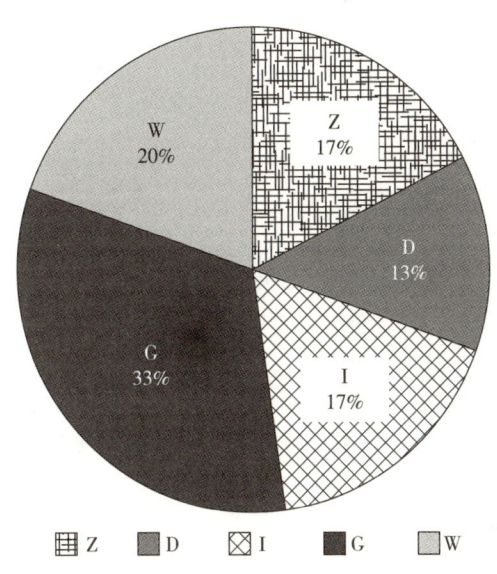

图5-2 情境因素调节商业模式与企业绩效关系显著项统计

可以看出,在五个情境因素指标中,高校数量(G)和网络普及率(W)的调节作用数量最多。其中,高校数量的影响体现在三个方面:一是高校是高等教育人才提供者、企业人力资源的来源,高校所在地企业在获得人力资源方面具有信息优势和地域优势;二是高校所在地具有知识溢出效应,高校通过科研成果转化、技术服务等方式能够推动当地企业的价值创造与转化活动;三是高校因为人数密集,能够促进相关消费与人员就业,对地区经济发展具有重要支撑作用。对于网络普及率的影响则是降低了企业经营活动中获取传递信息的成本,提高了企业经营管理效率,扩展了产品服务的市场,促进了企业间的分工协作,因此对于企业的绩效产生影响。

(2) 商业模式类型。从商业模式类型视角看,调节作用显著项中有关商业模式类型的统计如图5-3所示。

从图5-3中可以看出,实物生产商(BM_2)、平台提供者(BM_{10})两种

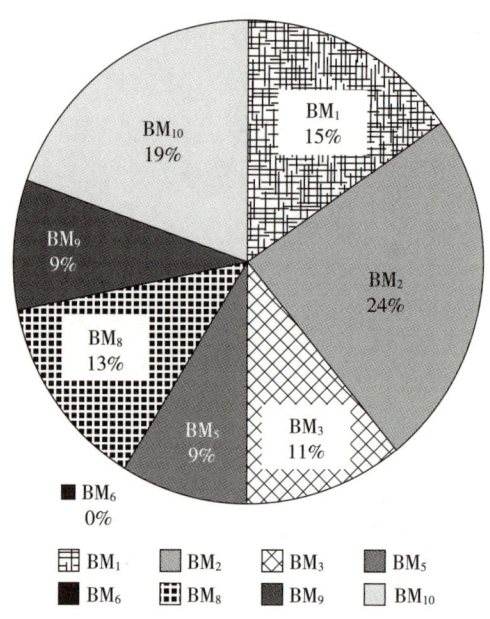

图 5-3　调节作用显著项中商业模式类型统计

商业模式类型受到情境因素的调节，和情境因素的交互作用更为广泛。

企业商业模式是企业在动态变化的各类情境中，整合各种资源要素形成的价值创造方案。不同类型的商业模式因为所处价值创造的环节和提供价值的形式不同，造成整合资源和适应情境的表现也不尽相同。中国改革开放以来的经济发展带有明显的人力、资源低成本优势，实物生产商正是基于这种优势的商业模式。随着中国和世界经济的发展，行业、地区、政治等情境因素对企业发展提出了新的需求，在资源分工全球化配置、网络化发展迅猛条件下，原有的人力密集型产业优势不再，技术密集型和资本密集型产业发展迅速，平台提供者正是在这种背景下发挥了更大的影响作用。

5.3.6.3　调节作用结果分析

对于单一情境因素，本书提出的 26 个假设中有 20 个得到了支持，具体如下：

（1）政治情境中的政府补助对商业模式 1、商业模式 5、商业模式 8、商业模式 9 类型企业的经营能力产生调节作用，且对商业模式与总资产周转率、固定资产周转率关系的调节效应都是负向影响则增强调节、正向影响则抑制调节，说明商业模式类型对企业经营能力指标无论是哪个方向的影响，政府补助的调节作用都是趋向于进一步降低企业经营能力指标。可能的原因在于，政府补助额度增加使实物设计开发者、服务商、信息提供者、信息销售商类型企业的资产得到暂时增加，但补助并不能迅速改变企业的营收水平，不会使营业收入显著提高，因此在商业模式对经营能力指标影响的基础上，政府补助会对总资产周转率和固定资产周转率指标都具有抑制作用。

而对商业模式2实物生产商而言，政府补助抑制了总资产周转率的降低趋势，可能的解释是生产加工型企业具有劳动密集型、产能弹性大的特点，政府补助能够扩大企业用工数量，使企业在短期扩大产能，从而提高营收水平，带来总资产周转率的提高。

（2）社会情境中的第一大股东持股比例对不同类型商业模式企业的经营能力产生调节作用，除了对商业模式10的总资产周转率具有正向影响，其他调节作用是在商业模式负向影响企业经营能力指标的前提下，第一大股东持股比例抑制这种负向影响。

商业模式2、商业模式8、商业模式9对总资产周转率具有负向影响作用，第一大股东持股比例因素能够抑制这种负向影响可能的原因是，第一大股东持股比例较高的企业，意味着企业控制人持股集中，一般见于早期的成长型企业，对于实物生产商、信息提供者、信息销售商模式而言，企业成立门槛相对较低，成长早期意味着企业资产规模相对较小，因此在营业收入没有显著差异的前提下（通过商业模式类型与主营业务收入的单因素方差分析验证），资产规模较小的企业，总资产周转率具有较高水平。

随着互联网的快速发展，平台型商业模式企业取得了较快发展，具有较高的营收水平，使平台提供者商业模式与总资产周转率之间具有正向影响作用。在平台提供者模式下第一大股东持股比例较高，意味着在企业发展过程中资本引入较慢，会在一定程度上延缓平台型商业模式企业的进一步发展，因此对企业总资产周转率具有抑制作用。

（3）制度情境中的市场化指数表征地区的金融环境、经济秩序、产业链分工、市场资源配置能力，对不同类型商业模式的偿债能力具有抑制调节作用，其中对商业模式 1、商业模式 2、商业模式 10 的负向影响加以抑制，对商业模式 5 的正向影响加以抑制。对商业模式 1、商业模式 2 的主营业务利润率和净利润 3 年增长率具有抑制作用。

对于商业模式 1、商业模式 2、商业模式 10 类型企业资产负债率的抑制作用，可能的原因是，实物设计开发者、实物生产商、平台提供者类型商业模式企业资产负债率偏低，出于发展需要企业的贷款需求能在市场化指数高的地区得到更好的满足，从而抑制低资产负债率的现象。对于商业模式 5 服务商型商业模式企业，其以提供人力服务为业务，一般回款周期较长，因此具有相对较高的资产负债率。在市场化指数高的地区，具有更好的金融环境和经济秩序，利于提高企业资金使用效率，从而减少借贷，抑制高资产负债率。

对于商业模式 1、商业模式 2 的主营业务利润率、净利润 3 年增长率的抑制作用，可能的原因是，实物设计开发者由于具有较高的价值创造能力，正向影响企业盈利能力和成长性，实物生产商则情况相反。市场化指数高的地区由于产业链分工相对完善，市场资源配制能力更强，利益驱动使市场对不同类型商业模式企业间的盈利能力和成长性产生调节作用，使商业模式对主营业务利润率和净利润 3 年增长率的影响趋于减弱。

（4）地区情境中的高校数量对不同商业模式类型企业的盈利、成长、经营能力方面指标具有调节作用，其中对于成长能力和经营能力的调节作用更为明显。

高校数量对商业模式 2、商业模式 3、商业模式 10 的营业收入 3 年增长率具有抑制作用。可能的原因在于，实物生产商和实物销售商属于低价值创造环节商业模式，对营业收入 3 年增长率具有负向影响，高校数量的增加能够带动地区的需求和消费，创造了更多就业岗位，从而扩大实物生产销售的需求，对营业收入增长的负向影响具有抑制作用。而平台提供者商业模式企业属于信息技术产业，对主营业务利润率、营业收入 3 年增长率具有正向影响。高校数量多的地区，高技能型人力资源丰富，带来知识密集型企业集聚，平台提供者类型商业模式企业竞争加剧，因此对企业的主营业务利润率、营业收入 3 年增长率具有抑制作用。

高校数量对商业模式 1、商业模式 2、商业模式 8 的总资产周转率具有抑制调节作用，也在于高校数量的增加能够带动所在地区的实物、软件信息等商业模式企业的需求和消费，使实物设计开发者、实物生产商、信息提供者的总资产周转率的负向影响得到抑制。这也可以解释高校数量对商业模式 8、商业模式 10 对固定资产周转率负向影响的抑制调节作用。

（5）地区情境中的网络普及率对商业模式 1 的主营业务利润率正向影响具有增强作用，对商业模式 10 的主营业务利润率正向影响、对商业模式 2 的净利润 3 年增长率负向影响、对商业模式 3 主营业务收入 3 年增长率负向影响具有抑制作用。

可能的原因在于，随着互联网的发展与普及，实物设计开发者模式企业信息获取成本降低，人员协作效率提高，从而缩短企业开发周期，降低研发成本，提高企业盈利能力；网络普及率提高使平台提供者商业模式企业进入门槛降低，提高了企业之间的竞争性，从而抑制盈利能力；网络化使实物生产商和实物销售商模式企业能够利用互联网平台，将原企业的线下业务在网络上得以拓展，从而使商业模式对企业成长性的负向影响得到抑制。

（6）在多情境因素调节效应分析中，情境双因素综合调节作用假设未得到支持，但研究发现，商业模式和情境因素的交互项比情境因素之间交互项的显著性更加稳健，说明在总资产周转率指标上，商业模式与情境因素交互作用比情境因素之间交互作用对企业绩效的影响更为显著。

可以看出，借助情境化的理论建构进行商业模式和企业绩效关系研究，可以更加深入地认识到商业模式在特殊的情境背景下影响企业绩效的作用机制和影响机理。

5.4 本章小结

本章选择中国政治情境、社会情境、行业情境、地区情境四类型情境因素相关指标与企业绩效指标关系进行了单因素影响研究，研究发现，地区因素对盈利能力、固定资产周转率、净利润 3 年增长率指标具有显著影响，产权性质、家族企业、第一大股东持股比例因素对企业绩效大多数指标没有显著影响。

采用 Kendall 等级相关系数研究商业模式和情境因素的相关关系，发现主要商业模式类型和企业所处的大部分情境因素具有显著的相关关系，采用偏相关关系进一步分析表明，企业主要商业模式类型和政府补助比例、家族企业的相关关系显著。对类别型中国情境因素和企业商业模式类型进行有交互作用的双因素方差分析，实证分析表明，地区因素和企业主要商业模式交叉因素会显著影响企业营业收入3年增长率，并对交互作用结果做出了进一步简单效应检验和具体分析。

基于商业模式、中国情境、企业绩效各因素的关系推导，提出情境因素作为调节变量对商业模式与企业绩效关系产生影响的26个假设，构建了中国情境下商业模式与企业绩效关系研究模型，通过层次回归实证研究，得到以下结论：

（1）政治、社会、制度、地区情境因素作为调节变量对商业模式与企业绩效关系的调节作用显著，有20个假设得到支持。

（2）在情境因素指标中，高校数量（G）和网络普及率（W）对各类型商业模式企业绩效存在普遍调节作用；实物生产商（BM_2）、平台提供者（BM_{10}）两种商业模式类型受到各类情境因素的调节作用明显。

（3）政府补助对大部分商业模式企业的经营能力正向影响具有抑制作用，对实物生产商模式企业总资产周转率的负向影响具有抑制调节作用。

（4）第一大股东持股比例对不同类型商业模式企业经营能力指标的调节方向不同。

（5）市场化指数对地区实物设计开发者和实物生产商类型企业的盈利能力和成长能力趋势具有反向调节作用。

（6）高校数量对于地区企业的成长能力和经营能力调节作用更为明显，通过带动地区需求消费，对实物生产商类型企业的营业收入增长负向影响具有抑制作用；通过知识密集促进企业竞争，对平台提供者商业模式盈利能力和成长的正向影响具有抑制作用。

（7）网络普及率对平台提供者商业模式提高了竞争程度，对其盈利能力正向影响产生抑制作用；网络普及率同时扩大了实物生产商和销售商的市场,对其企业成长性的负向影响具有抑制作用。

(8) 选取调节作用显著性 $p<0.05$ 的多情境因素进行组合,从运营能力方面验证多情境因素的综合调节效应,分析表明,商业模式与情境因素交互作用比情境因素之间交互作用对企业绩效的影响更为显著。

结 论

6.1 主要结论与启示

　　本书以商业模式与企业绩效关系研究为目标,引入中国情境因素,通过构建包含情境因素的商业模式与企业绩效关系模型,以实证研究方法为主展开研究,得出如下结论:

　　(1) 以企业绩效评价为目的,基于商业模式的价值创造(Value Creation)视角,根据"价值创造环节"和"价值提供形式"两个维度,提出一种新的商业模式分类方法,将企业商业模式分为实物设计开发者、实物生产商、实物销售商、培训教育提供者、服务商、金融产品提供者、金融产品销售商、信息提供者、信息销售商、平台提供者10种类型。本书提出的商业模式分类方法使商业模式类型更加精确地反映了企业在价值链和市场中的定位,为后续进一步研究不同商业模式类型间企业的具体绩效指标差异,对商业模式对绩效指标的影响做出更详细的机理分析,提供了基本的理论依据和一个可行的方法。

　　(2) 通过实证分析证实了商业模式的类型差异对企业的盈利能力、运营能力、成长能力、偿债能力等方面诸多与"价值创造"相关的指标具有直接的显著影响;商业模式"信息提供者""平台提供者"在企业绩效各项指标方面均具有较高数值,"实物生产商"和"实物销售商"的各项指标均较低。

　　(3) 建立了商业模式与企业绩效关系回归模型,实证研究发现,商业模式类型与企业的部分盈利能力、运营能力、成长能力、偿债能力指标存在线性函数关系；"实物生产商""实物设计开发者"模式对大部分企业绩效指标都具有影响；"实物生产商"模式负向影响企业各项指标，"信息提供者""平台提供者"模式对企业盈利能力指标正向影响最大；得出商业模式类型对盈利能力指标（主营业务利润率、毛利率）影响最为显著的结论；并以"产品/服务的价值提供形式"是企业提供价值主张的体现与"产品/服务的价值创造环节"是企业的内部结构、能力、资源等实现价值主张产生盈利的体现这两个商业模式分类维度的内涵作为解释因素，对商业模式对企业绩效的影响机理加以分析。

（4）实证分析发现，政府补助、地区因素能够显著影响大部分企业绩效指标，产权性质、家族企业、第一大股东持股比例因素对企业绩效大多数指标没有显著影响；地区因素对盈利能力、固定资产周转率、净利润3年增长率指标具有显著影响；商业模式类型与情境因素存在相关关系，偏相关分析表明，企业商业模式类型和情境因素（政府补助比例、家族企业）存在显著相关关系；对中国情境因素和企业商业模式类型进行有交互作用的双因素方差分析表明，部分情境因素和企业商业模式类型交叉因素会显著影响企业一些绩效指标。

（5）建立了基于中国情境的商业模式类型和企业绩效关系的系统模型，实证分析发现，政府补助、第一大股东持股比例、市场化指数、高校数量、网络普及率各情境因素对商业模式与企业绩效指标关系的调节作用显著，对企业经营能力指标影响作用最为突出；在情境因素指标中，高校数量（G）和网络普及率（W）对各类型商业模式企业绩效存在普遍调节作用；实物生产商（BM_2）、平台提供者（BM_{10}）两种商业模式类型受到各类情境因素的调节作用明显；多情境因素综合调节效应分析表明，商业模式与情境因素交互作用比情境因素之间交互作用对企业绩效的影响更为显著。

（6）启示与建议。企业层面，首先需要结合企业内部因素（资源禀赋、核心优势）和外部因素（情境因素）对商业模式进行准确定位；其次需要根据情境因素的动态变化特点，对商业模式定位进行适应的变化或者主动进行情境因素的选择，以更好地利用外部因素的影响，实现顺势发展。管理部门层面，需要认识到不同情境因素对企业绩效调节作用的差异，能够根据产业、地区的发展特点选择适当的管理手段；针对高等教育、网络普及等具有明显调节作用，但建设周期较长、短期效益不明显的情境塑造，需要有所规划、有所坚持，为可持续发展不断奠定基础。

6.2 不足与展望

企业绩效影响因素及影响关系是一个复杂的问题，其中商业模式和情境因素作为企业的内、外部重要因素，对企业绩效的影响作用和机理是多元多向的、交互动态的，对这些方面的理论基础和实证研究，都还有待进一步深入。鉴于问题的复杂性和作者研究能力的局限，本书错漏之处和未尽问题在所难免，后续可能的研究内容总结如下：

（1）数据样本扩大。本书的研究及结论基于单一年份、创业板企业数据产生，为验证结论的稳定性，还需要综合其他年份数据，增加更多企业样本数据（A股、海外上市中资企业），进行综合比较分析。

（2）分析模型进一步优化。一方面，现有回归方程对于企业绩效的解释力度还有提升空间，影响最为显著的绩效指标 R^2 在40%左右（盈利能力、经营能力），说明方程还有未被解释的部分；现有回归方程中还存在未被很好解释的项，以上现象说明，在现有分析模型中还有其他影响企业绩效的外在因素没有考虑进来，需要后续研究中继续加以深入。另一方面，本书采用线性回归分析模型可能具有局限性。在研究模型中，一些指标除了线性关系是否还可能存在非线性关系有待进一步研究。

（3）细化商业模式分类。本书的商业模式分类，明确定位了企业的"价值创造环节"和"价值提供形式"两个维度，而商业模式具有更丰富内涵，诸如"企业关键资源和能力""盈利模式"等维度信息没有得到体现。为了更精确、有效地定位商业模式，后续研究需要在商业模式分类的精细化和简便性之间达到平衡。

（4）情境因素选择。有关中国情境下的商业模式与企业绩效关系研究还有待进一步的探索，后续研究一方面需要继续发掘具有中国社会和文化特殊性的情境因素（诸如企业领军人物、管理团队特质、家族企业细化分类、企业组织结构、区域性政策制度等）；另一方面，在情境视角下各情境因素之间的交互影响和动态关系会对整体系统产生影响，所以还需要将情境因素之间的相互作用及影响考虑进来。另外，本书证实了商业模式和情境因素的交互项影响作用，那么，商业模式能否作为一种权变因素，成为情境因素影响企业绩效的调节变量？这些更深入的研究都将增加研究系统的复杂性和不确定性，有待深入探讨。

参考文献

[1] Afuah, A., & Tucci, C. L. (2001). Internet business models and strategies. New York: McGraw-Hill, 358.

[2] Alt, R., & Zimmermann, H. D. (2001). Preface: Introduction to special section - business models. Electronic Markets, 11 (1), 3-9.

[3] Amit, R., & Zott, C. (2001). Value creation in e-business. Strategic Management Journal, 22 (6-7), 493-520.

[4] Anderson, R. C., & Reeb, D. M. (2003). Founding-family ownership and firm performance: Evidence from the S&P 500. The Journal of Finance, 58 (3), 1301-1328.

[5] Applegate, L. M. (2001). E-business Models: Making sense of the Internet business landscape. Information Technology and the Future Enterprise: New Models for Managers, 49-94.

[6] Bedeian, A. G., Niebuhr, R. E., & Wesolowski, M. A. (1994). Dyadic duration and the performance-satisfaction relationship: A contextual perspective. Journal of Applied Social Psychology, 24 (14), 1251-1269.

[7] Bergström, F. (2000). Capital subsidies and the performance of firms. Small Business Economics, 14 (3), 183-193.

[8] Betz, F. (2002). Strategic business models. Engineering Management Journal, 14 (1), 21-28.

[9] Bonaccorsi, A., Giannangeli, S., & Rossi, C. (2006). Entry strategies under competing standards: Hybrid business models in the open source software industry. Management Science, 52 (7), 1085-1098.

[10] Bornemann, M. (2009). Performance implications of the business model and the moderating effects of the environment. In Academy of Management Proceedings. Academy of Management, (1), 1-6.

[11] Brousseau, E., & Pénard, T. (2007). The economics of digital business models: A framework for analyzing the economics of platforms. Review of Network Economics, 6 (2).

[12] Capon, N., Farley, J. U., & Hoenig, S. (1990). Determinants of financial performance: A meta-analysis. Management Science, 36 (10), 1143-1159.

[13] Cappelli, P. (1991). The missing role of context in OB: The need for a meso-level approach. Organizational Behavior, (13), 55-110.

[14] Carrere, C. (2006). Revisiting the effects of regional trade agreements on trade flows with proper specification of the gravity model. European Economic Review, 50 (2), 223-247.

[15] Cavalluzzo, K. S., & Ittner, C. D. (2004). Implementing performance measurement innovations: Evidence from government. Accounting, Organizations and Society, 29 (3), 243-267.

[16] Chesbrough, H., & Rosenbloom, R. S. (2002). The role of the business model in capturing value from innovation: Evidence from Xerox Corporation's technology spin-off companies. Industrial and Corporate Change, 11 (3), 529-555.

[17] Chrisman, J. J., Chua, J. H., & Litz, R. A. (2004). Comparing the agency costs of family and non-family firms: Conceptual issues and exploratory evidence. Entrepreneurship Theory and practice, 28 (4), 335-354.

[18] Colwell, K., & Narayanan, V. K. (2010). Foresight in economic development policy: Shaping the institutional context for entrepreneurial innovation. Futures, 42 (4), 295-303.

[19] Cooper, D., Patel, P. C., & Thatcher, S. M. (2013). It depends: Environmental context and the effects of faultlines on top management team performance. Organization Science, 25 (2), 633-652.

[20] Corstjens, M., Peyer, U., & Van der Heyden, L. (2006). Per-

formance of family firms: Evidence from US and European firms and investors. Working Paper, INSEAD.

[21] Cronqvist, H., & Nilsson, M. (2003). Agency costs of controlling minority shareholders. Journal of Financial and Quantitative Analysis, 38 (4), 695-719.

[22] Daniels, R. J., & Morck, R. (1996). Canadian corporate governance policy options. Industry Canada.

[23] Davidsson, P., & Honig, B. (2003). The role of social and human capital among nascent entrepreneurs. Journal of Business Venturing, 18 (3), 301-331.

[24] Deephouse, D. L. (1997). Part IV: How do reputations affect corporate performance? The effect of financial and media reputations on performance. Corporate Reputation Review, 1 (1), 68-72.

[25] Dollar, D., Iarossi, G., & Mengistae, T. (2002). Investment climate and economic performance: Some firm level evidence from India. Center for Research on Economic Development and Policy Reform, Stanford University, Working Paper, (143).

[26] Donath, R., Kalakota, R., & Cerf, B. S. (1999). Taming e-business models. ISBM Business Marketing Web Consortium, 3 (1), 1-24.

[27] Dubosson-Torbay, M., Osterwalder, A., & Pigneur, Y. (2002). E-business model design, classification, and measurements. Thunderbird International Business Review, 44 (1), 5-23.

[28] Edelman, L., & Yli-Renko, H. (2010). The impact of environment and entrepreneurial perceptions on venture-creation efforts: Bridging the discovery and creation views of entrepreneurship. Entrepreneurship Theory and Practice, 34 (5), 833-856.

[29] Ensley, M. D., Pearson, A. W., & Amason, A. C. (2002). Understanding the dynamics of new venture top management teams: Cohesion, conflict, and new venture performance. Journal of Business Venturing, 17 (4), 365-386.

[30] Faccio, M. (2006). Politically connected firms. The American Eco-

nomic Review, 96 (1), 369-386.

[31] Fritsch, M., & Mueller, P. (2004). Effects of new business formation on regional development over time. Regional Studies, 38 (8), 961-975.

[32] Gartner, W. B. (1995). Aspects of organizational emergence. BULL I., THOMAS.

[33] Gartner, W. B., Davidsson, P., & Zahra, S. A. (2006). Are you talking to me? The nature of community in entrepreneurship scholarship. Entrepreneurship Theory and Practice, 30 (3), 321-331.

[34] George, G., & Bock, A. J. (2011). The business model in practice and its implications for entrepreneurship research. Entrepreneurship Theory and Practice, 35 (1), 83-111.

[35] Giesen, E., Berman, S. J., Bell, R., & Blitz, A. (2007). Three ways to successfully innovate your business model. Strategy & Leadership, 35 (6), 27-33.

[36] Gnyawali, D. R., & Fogel, D. S. (1994). Environments for entrepreneurship development: Key dimensions and research implications. Entrepreneurship Theory and Practice, 18 (4), 43-62.

[37] Goetz, S. J., & Freshwater, D. (2001). State-level determinants of entrepreneurship and a preliminary measure of entrepreneurial climate. Economic Development Quarterly, 15 (1), 58-70.

[38] Gordijn, J., Akkermans, H., & Van Vliet, J. (2001). Designing and evaluating e-business models. IEEE Intelligent Systems, 16 (4), 11-17.

[39] Gray, W. B., & Shadbegian, R. J. (1995). Pollution abatement costs, regulation, and plant-level productivity (No. w4994). National Bureau of Economic Research.

[40] Griffin, A. L., Eichenbaum, H., & Hasselmo, M. E. (2007). Spatial representations of hippocampal CA1 neurons are modulated by behavioral context in a hippocampus-dependent memory task. Journal of Neuroscience, 27 (9), 2416-2423.

[41] Hammer, M. (2004). Deep change. Harvard Business Review, 82 (4), 84-93.

[42] Hansen, N. (1990). Innovative regional milieux, small firms, and regional development: Evidence from Mediterranean France. The Annals of Regional Science, 24 (2), 107-123.

[43] Hawawini, G., Subramanian, V., & Verdin, P. (2003). Is performance driven by industry – or firm – specific factors? A new look at the evidence. Strategic Management Journal, 24 (1), 1-16.

[44] Hawkins, R. (2001). The "Business Model" as a research problem in electronic commerce. STAR (socio-economic trends assessment for the digital revolution) IST Project, Issue Report, 4.

[45] Hindle, K. (2010). How community context affects entrepreneurial process: A diagnostic framework. Entrepreneurship and Regional Development, 22 (7-8), 599-647.

[46] Holt, D. T., Rutherford, M. W., & Clohessy, G. R. (2007). Corporate entrepreneurship: An empirical look at individual characteristics, context, and process. Journal of Leadership & Organizational Studies, 13 (4), 40-54.

[47] Jaskiewicz, P., González, V. M., Menéndez, S., & Schiereck, D. (2005). Long-run IPO performance analysis of German and Spanish family-owned businesses. Family Business Review, 18 (3), 179-202.

[48] Jaskiewicz, P., Klein, S., & Schiereck, D. (2005). Family influence and performance-theoretical concepts and empirical results. In FERC Conference, Portland, Oregon.

[49] Johns, G. (2006). The essential impact of context on organizational behavior. Academy of Management Review, 31 (2), 386-408.

[50] Johnson, M. W., Christensen, C. M., & Kagermann, H. (2008). Reinventing your business model. Harvard Business Review, 86 (12), 57-68.

[51] Kaplan, R. S., & Norton, D. P. (2001). Transforming the balanced scorecard from performance measurement to strategic management: Part II. Accounting

Horizons, 15 (2), 147-160.

[52] Khwaja, A. I., & Mian, A. (2005). Do lenders favor politically connected firms? Rent provision in an emerging financial market. The Quarterly Journal of Economics, 120 (4), 1371-1411.

[53] Krasniqi, B. (2006). Size, age and firm growth: Econometric evidence from SME sector in Kosova. International Journal of Management and Entrepreneurship, 2 (1), 57-68.

[54] Krasniqi, B. A. (2007). Barriers to entrepreneurship and SME growth in transition: The case of Kosova. Journal of Developmental Entrepreneurship, 12 (1), 71-94.

[55] Krueger, A. O. (1974). The political economy of the rent-seeking society. The American Economic Review, 64 (3), 291-303.

[56] Lajeunesse, R., Lanoie, P., & Patry, M. (2001). Environmental regulation and productivity: New findings on the porter analysis. CIRANO, (9).

[57] Lambert, S. C., & Davidson, R. A. (2013). Applications of the business model in studies of enterprise success, innovation and classification: An analysis of empirical research from 1996 to 2010. European Management Journal, 31 (6), 668-681.

[58] Linder, J., & Cantrell, S. (2000). So what is a business model anyway. Accenture Institute for High Performance Business.

[59] Linder, J. C., & Cantrell, S. (2001). Five business-model myths that hold companies back. Strategy & Leadership, 29 (6), 13-18.

[60] Macke, D., & Markley, D. (2006). Entrepreneurship and rural America. Illinois Institute for Rural Affairs Rural Research Report, 17 (4).

[61] Magretta, J. (2002). Why business models matter. Harvard Business Review, (5).

[62] Mahadevan, B. (2000). Business models for Internet-based e-commerce: An anatomy. California Management Review, 42 (4), 55-69.

[63] Majumdar, S. K., & Marcus, A. A. (2001). Rules versus discretion:

The productivity consequences of flexible regulation. Academy of Management Journal, 44 (1), 170-179.

[64] Markides, C. , & Charitou, C. D. (2004). Competing with dual business models: A contingency approach. The Academy of Management Executive, 18 (3), 22-36.

[65] Maury, B. (2006). Family ownership and firm performance: Empirical evidence from Western European corporations. Journal of Corporate Finance, 12 (2), 321-341.

[66] McGahan, A. M. , & Porter, M. E. (1997). How much does industry matter, really? . Strategic Management Journal, 15-30.

[67] McGuire, J. B. , Schneeweis, T. , & Branch, B. (1990). Perceptions of firm quality: A cause or result of firm performance. Journal of Management, 16 (1), 167-180.

[68] Mitchell, D. , & Coles, C. (2003). The ultimate competitive advantage of continuing business model innovation. Journal of Business Strategy, 24 (5), 15-21.

[69] Molina-Morales, F. X. (2002). European industrial districts: Influence of geographic concentration on performance of the firm. Journal of International Management, 7 (4), 277-294.

[70] Morris, M. , Schindehutte, M. , & Allen, J. (2005). The entrepreneur's business model: Toward a unified perspective. Journal of Business Research, 58 (6), 726-735.

[71] Mowday, R. T. , & Sutton, R. I. (1993). Organizational behavior: Linking individuals and groups to organizational contexts. Annual Review of Psychology, 44 (1), 195-229.

[72] Murphy, G. B. , Trailer, J. W. , & Hill, R. C. (1996). Measuring performance in entrepreneurship research. Journal of business research, 36 (1), 15-23.

[73] Osterwalder, A. (2004). The business model ontology: A proposition

in a design science approach. Doctoral thesis. université de Lausanne.

[74] Osterwalder, A., Pigneur, Y., & Tucci, C. L. (2005). Clarifying business models: Origins, present, and future of the concept. Communications of the Association for Information Systems, 16 (1), 1.

[75] Patzelt, H., Knyphausen-Aufseß, Z., & Nikol, P. (2008). Top management teams, business models, and performance of biotechnology ventures: An upper echelon perspective. British Journal of Management, 19 (3), 205-221.

[76] Peter, W., & Vitale, M. R. (2001). Place to space: Migrating to e-business models. USA: Harvard Business School Publishing Corporation.

[77] Petrovic, O., Kittl, C., & Teksten, R. D. (2001). Developing business models for ebusiness. In the proceedings of the International Conference on Electronic Commerce 2011, Vienna, Austria, October.

[78] Pisano, G. P., & Teece, D. J. (2007). How to capture value from innovation: Shaping intellectual property and industry architecture. California Management Review, 50 (1), 278-296.

[79] Pohle, G., & Chapman, M. (2006). IBM's global CEO report 2006: Business model innovation matters. Strategy & Leadership, 34 (5), 34-40.

[80] Qian, G., Li, L., & Rugman, A. M. (2013). Liability of country foreignness and liability of regional foreignness: Their effects on geographic diversification and firm performance. Journal of International Business Studies, 44 (6), 635-647.

[81] Qian, G., Li, L., Li, J., & Qian, Z. (2008). Regional diversification and firm performance. Journal of International Business Studies, 39 (2), 197-214.

[82] Rappa, M. (2001). Managing the digital enterprise-Business models on the Web. http://digitalenterprise.org/models/models.html.

[83] Riahi-Belkaoui, A., & Pavlik, E. (1991). Asset management performance and reputation building for large US firms. British Journal of Management, 2 (4), 231-238.

[84] Robinson, K. C., & McDougall, P. P. (1998). The impact of alternative operationalizations of industry structural elements on measures of performance for entrepreneurial manufacturing ventures. Strategic Management Journal, 1079–1100.

[85] Rousseau, D. M., & Fried, Y. (2001). Location, location, location: Contextualizing organizational research. Journal of Organizational Behavior, 22 (1), 1–13.

[86] Saxenian, A. (2005). From brain drain to brain circulation: Transnational communities and regional upgrading in India and China. Studies in Comparative International Development (SCID), 40 (2), 35–61.

[87] Schmalensee, R. (1985). Do markets differ much? . The American Economic Review, 75 (3), 341–351.

[88] Seelos, C., & Mair, J. (2007). Profitable business models and market creation in the context of deep poverty: A strategic view. The Academy of Management Perspectives, 21 (4), 49–63.

[89] Shafer, S. M., Smith, H. J., & Linder, J. C. (2005). The power of business models. Business Horizons, 48 (3), 199–207.

[90] Sobol, M. G., & Farrelly, G. (1988). Corporate reputation: A function of relative size or financial performance? Review of Financial Economics, 24 (1), 45.

[91] Spilling, O. R. (1996). The entrepreneurial system: On entrepreneurship in the context of a mega-event. Journal of Business research, 36 (1), 91–103.

[92] Sraer, D., & Thesmar, D. (2007). Performance and behavior of family firms: Evidence from the French stock market. Journal of the European Economic Association, 5 (4), 709–751.

[93] Stewart, D. W., & Zhao, Q. (2000). Internet marketing, business models, and public policy. Journal of Public Policy & Marketing, 19 (2), 287–296.

[94] Tapscott, D., Lowy, A., & Ticoll, D. (2000). Digital capital: Harnessing the power of business webs. Harvard Business School Press.

[95] Teece, D. J., Pisano, G., & Shuen, A. (1997). Dynamic capabilities and strategic management. Strategic Management Journal, 509-533.

[96] Timmers P. (1998). Business models for electronic markets. Electronic Markets, 8 (2), 3-8.

[97] Tzelepis, D., & Skuras, D. (2004). The effects of regional capital subsidies on firm performance: An empirical study. Journal of Small Business and Enterprise Development, 11 (1), 121-129.

[98] Villalonga, B., & Amit, R. (2006). How do family ownership, control and management affect firm value?. Journal of Financial Economics, 80 (2), 385-417.

[99] Watson, R., Storey, D. J., Wynarczyk, P., Keasey, K., & Short, H. (1994). The remuneration of non-owner managers in small and medium-sized UK enterprises. Journal of Management Studies, 31 (4), 553-568.

[100] Weill, P., Malone, T. W., D'Urso, V. T., Herman, G., & Woerner, S. (2005). Do some business models perform better than others? A study of the 1000 largest US firms. MIT Center for Coordination Science Working Paper, 226.

[101] Welter, F. (2011). Contextualizing entrepreneurship—conceptual challenges and ways forward. Entrepreneurship Theory and Practice, 35 (1), 165-184.

[102] Welter, F., & Smallbone, D. (2008). Women's entrepreneurship from an institutional perspective: The case of Uzbekistan. International Entrepreneurship and Management Journal, 4 (4), 505-520.

[103] Wilkinson, T. J. (2006). Entrepreneurial climate and US state foreign trade offices as predictors of export success. Journal of Small Business Management, 44 (1), 99-113.

[104] Zahra, S. A. (1993). Environment, corporate entrepreneurship, and financial performance: A taxonomic approach. Journal of Business Venturing, 8 (4), 319-340.

[105] Zahra, S. A. (2005). Entrepreneurial risk taking in family

firms. Family Business Review, 18 (1), 23-40.

[106] Zahra, S. A. (2007). Contextualizing theory building in entrepreneurship research. Journal of Business Venturing, 22 (3), 443-452.

[107] Zahra, S. A., Ireland, R. D., & Hitt, M. A. (2000). International expansion by new venture firms: International diversity, mode of market entry, technological learning, and performance. Academy of Management Journal, 43 (5), 925-950.

[108] Zahra, S. A., Wright, M., & Abdelgawad, S. G. (2014). Contextualization and the advancement of entrepreneurship research. International Small Business Journal, 32 (5), 479-500.

[109] Zott, C., & Amit, R. (2007). Business model design and the performance of entrepreneurial firms. Organization Science, 18 (2), 181-199.

[110] Zott, C., & Amit, R. (2008). The fit between product market strategy and business model: Implications for firm performance. Strategic Management Journal, 29 (1), 1-26.

[111] Zott, C., Amit, R., & Massa, L. (2011). The business model: Recent developments and future research. Journal of Management, 37 (4), 1019-1042.

[112] 白重恩, 刘俏, 陆洲, 宋敏, 张俊喜. 中国上市公司治理结构的实证研究 [J]. 经济研究, 2005, 2 (5): 81-91.

[113] 蔡炯. 北京市国有林场绩效评价研究 [D]. 北京林业大学博士学位论文, 2013.

[114] 蔡莉, 单标安. 中国情境下的创业研究: 回顾与展望 [J]. 管理世界, 2013 (12): 160-169.

[115] 曹兴, 陈琦, 郭然. 高技术企业成长模式重构及实现方式 [J]. 管理学报, 2010, 7 (4): 570-576.

[116] 曹之然. 创业绩效影响因素研究 [D]. 石河子大学博士学位论文, 2010.

[117] 陈德富. 我国中小企业利基战略, 调节因素与绩效之间的关系研究 [D]. 电子科技大学博士学位论文, 2011.

[118] 陈俊滢. 商业模式设计与新创企业绩效的关系研究：环境友善性和吸收能力的调节作用 [D]. 浙江大学博士学位论文, 2015.

[119] 陈凌, 王昊. 家族涉入, 政治联系与制度环境 [J]. 管理世界, 2013 (10): 130-141.

[120] 陈沛光. 微环境, 创业网络与创业绩效关系的实证研究 [D]. 吉林大学博士学位论文, 2012.

[121] 陈文基, 忻展红. 商业模式研究及其在业务系统设计中的应用 [D]. 北京邮电大学博士学位论文, 2012.

[122] 陈曦. 不同环境情境下商业模式对企业绩效的影响 [J]. 中国科技论坛, 2016 (12): 116-121.

[123] 陈雪敏. 国有外贸企业绩效评价与管理激励研究——基于 EVA 与 BSC 结合的方法 [J]. 国际商务财会, 2011 (12): 47-49.

[124] 程愚, 孙建国. 商业模式的理论模型: 要素及其关系 [J]. 中国工业经济, 2013 (1).

[125] 程愚, 谢雅萍. 商务模型与民营企业绩效 [J]. 中国工业经济, 2005 (6): 120-127.

[126] 程愚. 商务模式原理 [M]. 北京: 经济科学出版社, 2010.

[127] 崔晓杨, 闫冰倩, 乔晗, 胡毅, 汪寿阳. 基于"微笑曲线"的全产业链商业模式创新——万达商业地产案例 [J]. 管理评论, 2016, 28 (11): 264-272.

[128] 邓建平, 曾勇. 政治关联能改善民营企业的经营绩效吗 [J]. 中国工业经济, 2009, 2 (98): 108.

[129] 杜俊枢, 郭毅. 中国情境下企业社会资本与核心竞争力关系研究——基于多项 Logit 模型的实证分析 [J]. 华东经济管理, 2014, 28 (3): 164-170.

[130] 杜莹, 刘立国. 股权结构与公司治理效率: 中国上市公司的实证分析 [J]. 管理世界, 2002 (11): 124-133.

[131] 段伟. 基于灰色系统的上市公司财务绩效主因子综合评价方法 [J]. 云南财经大学学报（社会科学版）, 2010 (4): 72-74.

[132] 傅世昌,王惠芬.商业模式定义与概念本质的理论体系与研究趋势 [J].中国科技论坛,2011 (2):70-76.

[133] 高博.国内外高新技术开发区创业环境的比较研究 [D].吉林大学博士学位论文,2008.

[134] 高建,石书德.中国转型经济背景下创业地区差异的决定因素研究 [J].科学学研究,2009,27 (7):1011-1019.

[135] 葛宝山,刘庆中.基于Timmons模型的创业类型系统分类研究 [J]:中国青年科技,2007 (1):26-32.

[136] 谷斌,欧阳玉湘,梁雪梅.基于TRIZ理论的企业商业模式创新研究 [J].自然辩证法研究,2010 (7):89-93.

[137] 顾广贤,王珂.股权结构,公司规模与公司绩效——基于公司成长性的差异化分析 [J].上海金融学院学报,2010 (6):54-62.

[138] 郭京京,陈琦.电子商务商业模式设计对企业绩效的影响机制研究 [J].管理工程学报,2014,28 (3):83-90.

[139] 郭毅夫.商业模式创新与企业竞争优势:内在机理及实证研究 [D].东华大学博士学位论文,2009.

[140] 郝臣.中小企业成长:政策环境与企业绩效——来自中国23个省市309家中小企业的经验数据 [J].上海经济研究,2006 (11).

[141] 郝敬鑫,杨忠.区域因素对创业企业创新绩效影响探析——基于中国52个城市创业企业统计数据的研究 [J].江苏社会科学,2012 (6):84-89.

[142] 郝敬鑫,徐彪,张列珣.区域背景影响企业绩效研究——基于工业制造企业绩效的方差成分分析 [J].华东经济管理,2010,24 (11):59-64.

[143] 郝敬鑫.区域因素对创业企业绩效影响机理研究 [D].南京大学博士学位论文,2012.

[144] 胡保亮.商业模式创新,技术创新与企业绩效关系:基于创业板上市企业的实证研究 [J].科技进步与对策,2012,29 (3):95-100.

[145] 胡保亮.商业模式,创新双元性与企业绩效的关系研究 [J].科研管理,2015,36 (11):29-36.

[146] 胡萍. 国内外创业理论研究综述 [J]. 浙江树人大学学报（人文社会科学版），2008（6）.

[147] 黄涛，宋成. 基于数据包络分析的汽车制造企业绩效评价 [J]. 科技与管理，2010，12（2）：100-103.

[148] 姜鹏飞，陈岩，翟瑞瑞. 政治关联，情境特征与企业绩效——基于2009—2012年中国沪深上市民营企业的经验分析 [J]. 东北师大学报（哲学社会科学版），2015（4）：55-60.

[149] 荆浩，陈静，贾建锋. 创业板中小企业商业模式创新效率评价 [J]. 商业研究，2010（11）：48-52.

[150] 孔翰宁，张维迎，奥赫贝. 2010商业模式：企业竞争优势的创新驱动力 [M]. 北京：机械工业出版社，2008.

[151] 雷家骕，张俊芳. 企业成长影响因素的交互式分析 [C]. 第三届（2008）中国管理学年会——组织与战略分会场论文集，2008.

[152] 李丹，曾繁荣. 企业绩效评价研究方法综述 [J]. 财会通讯：综合（中），2011（1）.

[153] 李东，苏江华. 技术革命，制度变革与商业模式创新——论商业模式理论与实践的若干重大问题 [J]. 东南大学学报（哲学社会科学版），2011，13（2）：31-38.

[154] 李东，王翔，张晓玲，周晨. 基于规则的商业模式研究——功能，结构与构建方法 [J]. 中国工业经济，2010（9）：101-111.

[155] 李君，陈寒松. 我国创业环境研究的文献综述 [J]. 市场周刊，2010（6）：16-18.

[156] 李佩亚. 中国情境下企业社会资本对企业绩效影响的研究 [D]. 浙江工商大学硕士学位论文，2012.

[157] 李巍，许晖. 企业社会资本，市场知识能力与经营绩效的关系研究——社会网络的分析视角 [J]. 软科学，2012，26（10）：93-98.

[158] 李维安，邱艾超. 民营企业治理转型，政治联系与公司业绩 [J]. 管理科学，2010（4）：2-14.

[159] 李炎炜，王翔，孙柳苑. 技术创业企业商业模式设计对企业绩效

之影响 [J]. 市场周刊, 2013 (8): 11-14.

[160] 李允尧. 企业成长能力研究 [D]. 中南大学博士学位论文, 2007.

[161] 李志辉, 段明明. 最终控制人, 股权结构与公司绩效——以制造业为例 [J]. 天津商业大学学报, 2010 (1): 10-15.

[162] 林桂平, 魏炜, 朱武祥. 基于交易结构的商业模式构成要素分析 [J]. 商业时代, 2014 (28): 89-93.

[163] 林国琼. 产权性质, 管理者背景特征与企业绩效 [D]. 西南财经大学硕士学位论文, 2014.

[164] 林嵩, 姜彦福. 创业研究进展综述与分析 [J]. 管理现代化, 2005 (6): 22-24.

[165] 林嵩. 创业情境研究综述与展望 [J]. 外国经济与管理, 2012, 34 (7): 35-41.

[166] 林珍安. 商业模式对经营绩效的影响——以台湾上市电子公司为例证 [D]. 淡江大学管理科学研究所企业经营硕士在职专班学位论文, 2006.

[167] 刘丽. 环境不确定性, 关系治理与企业绩效关系的实证研究 [D]. 新疆财经大学硕士学位论文, 2013.

[168] 刘世全. 企业绩效影响因素分析——以深市上市公司 2011 年数据为例 [J]. 财会通讯 (上), 2013 (36): 80-83.

[169] 刘卫星. 商业模式对企业绩效影响的实证研究 [D]. 大连理工大学博士学位论文, 2013.

[170] 刘文, 王建中. 创业绩效理论研究综述 [J]. 中国市场, 2012 (5): 12-13.

[171] 娄永海. 基于 TRIZ 理论的企业商业模式研究 [D]. 吉林大学博士学位论文, 2009.

[172] 吕洪涛. 开放式创新环境下高新技术企业的商业模式研究 [D]. 中国海洋大学硕士学位论文, 2009.

[173] 罗党论, 刘晓龙. 政治关系, 进入壁垒与企业绩效——来自中国民营上市公司的经验证据 [J]. 管理世界, 2009 (5): 97-106.

[174] 罗珉，李亮宇. 互联网时代的商业模式创新：价值创造视角 [J]. 中国工业经济，2015（1）：95-107.

[175] 罗珉，曾涛，周思伟. 企业商业模式创新：基于租金理论的解释 [J]. 中国工业经济，2005（7）：73-81.

[176] 罗珉. 组织管理学 [M]. 成都：西南财经大学出版社，2003.

[177] 罗倩，李东. 基于价值维度的商业模式分类方法研究——以战略新兴产业样本数据为例 [J]. 软科学，2013，27（7）：18-23.

[178] 牛春平. 创业板股权结构和公司绩效相关性实证分析 [J]. 经济师，2012（11）：69-71.

[179] 庞长伟，李垣，段光. 整合能力与企业绩效：商业模式创新的中介作用 [J]. 管理科学，2015（5）：31-41.

[180] 彭志强，刘捷，胥英杰. 商业模式的力量 [M]. 北京：机械工业出版社，2009.

[181] 齐严. 商业模式创新研究 [D]. 北京邮电大学博士学位论文，2010.

[182] 秦剑. 高不确定创业情境下的效果推理理论发展及其实证应用研究 [J]. 经济管理，2010（12）：28.

[183] 尚润芝. 社会网络结构，团队氛围与领导风格对团队创新绩效的影响——中国情境下的实证研究 [D]. 南京大学硕士学位论文，2011.

[184] 沈超红，罗亮. 创业成功关键因素与创业绩效指标研究 [J]. 中南大学学报（社会科学版），2006，12（2）.

[185] 沈超红，欧阳苏腾. 国内创业环境研究综述 [J]. 企业技术开发，2004，23（9）：31-32.

[186] 沈超红，彭巍. 国外创业环境研究内容分析 [J]. 湖南大学学报（社会科学版），2010，24（1）：30-33.

[187] 沈永言. 商业模式理论与创新研究 [D]. 北京邮电大学博士学位论文，2011.

[188] 双华军. 产业集群创业环境、创业导向与创业绩效影响关系研究 [D]. 华中科技大学博士学位论文，2011.

[189] 孙亮. 中国民营上市公司实际控制人的政府背景与公司价值 [D]. 苏州大学硕士学位论文, 2010.

[190] 孙永祥, 黄祖辉. 上市公司的股权结构与绩效 [J]. 经济研究, 1999 (12): 33-42.

[191] 汤发喜, 马卓然, 孙琳. 股权结构与公司绩效的相关性研究——来自我国制造业上市公司的经验证据 [J]. 金融教学与研究, 2009 (2): 71-73.

[192] 汪骄阳. 政治关联, 财政补贴与企业绩效——基于我国A股上市公司的证据 [D]. 重庆工商大学博士学位论文, 2014.

[193] 汪杨. 基于社会资本的家族企业绩效研究 [D]. 沈阳航空航天大学硕士学位论文, 2013.

[194] 王炳成, 李洪伟, 王显清. 商业模式研究综述及展望 [J]. 山东经济, 2009, 25 (6): 66-71.

[195] 王波, 彭亚利. 重思商业模式 [J]. IT经理世界, 2002 (3): 56-107.

[196] 王才营. 商业模式对节能环保企业绩效的影响研究 [D]. 浙江财经大学硕士学位论文, 2014.

[197] 王大飞, 曹佳. 基于因子分析法的上市公司经营业绩评价模型 [J]. 经济论坛, 2010 (6): 195-198.

[198] 王福民. 家族性资源, 创业导向与企业绩效关系研究 [D]. 中南大学博士学位论文, 2013.

[199] 王慧慧, 申丹虹. 商业模式对服装纺织企业绩效的影响研究 [J]. 广西财经学院学报, 2005 (4): 92-96.

[200] 王娟. 我国国有企业绩效评价指标体系的改进探讨——基于湖南省2006-2010年国企统计数据的实证分析 [J]. 湖南财政经济学院学报, 2012, 28 (2): 118-122.

[201] 王水莲, 常联伟. 商业模式概念演进及创新途径研究综述 [J]. 科技进步与对策, 2014, 31 (7): 154-160.

[202] 王文娟, 宋伟东. 资本结构对上市家族企业绩效的影响——基于我国在深、沪上市的家族企业的实证研究 [J]. 经济师, 2008 (2): 93-95.

[203] 王翔, 李东, 后士香. 商业模式结构耦合对企业绩效的影响的实

证研究 [J]. 科研管理, 2015, 36 (7): 96-104.

[204] 王翔, 李东, 张晓玲. 商业模式是企业间绩效差异的驱动因素吗?——基于中国有色金属上市公司的 ANOVA 分析 [J]. 南京社会科学, 2010 (5): 20-26.

[205] 王翔, 李东, 张晓玲. 新技术市场化商业模式设计 [J]. 科技进步与对策, 2013, 30 (15): 1-8.

[206] 王翔. 开放商业模式: 性质, 实现路径和策略体系 [J]. 东南大学学报 (哲学社会科学版), 2011, 13 (2): 53-57.

[207] 王翔. 商业模式对技术创新和获利间关系的调节效应研究 [J]. 管理学报, 2014, 11 (4): 555-561.

[208] 王鑫鑫, 王宗军. 国外商业模式创新研究综述 [J]. 外国经济与管理, 2009, 31 (12): 33-38.

[209] 王宇. 行业竞争程度, 资本结构与家族企业绩效 [D]. 东北财经大学硕士学位论文, 2011.

[210] 魏江, 邬爱其, 彭雪蓉. 中国战略管理研究: 情境问题与理论前沿 [J]. 管理世界, 2014 (12): 167-171.

[211] 魏唯. 基于价值创造视角的商业模式与企业绩效关系研究 [D]. 浙江工商大学硕士学位论文, 2015.

[212] 魏炜, 朱武祥, 林桂平. 基于利益相关者交易结构的商业模式理论 [J]. 管理世界, 2012 (12): 125-131.

[213] 魏炜, 朱武祥. 发现商业模式 [M]. 北京: 机械工业出版社, 2009.

[214] 魏炜, 朱武祥. 重构商业模式 [M]. 北京: 机械工业出版社, 2011.

[215] 文亮, 何继善. 创业资源, 商业模式与创业绩效关系的实证研究 [J]. 东南学术, 2012 (5): 116-128.

[216] 文亮, 贾厚光. 初创小微企业创业机会对商业模式的影响研究 [J]. 山东社会科学, 2012 (11): 162-164.

[217] 文亮, 刘炼春, 何善. 新创企业商业模式与创业绩效关系研

究——扎根理论方法的运用[J].江西社会科学,2012(1):207-210.

[218] 文亮.商业模式与创业绩效及其影响因素关系研究[D].中南大学博士学位论文,2011.

[219] 文宁.我国中小企业对外直接投资绩效评价指标体系研究[D].辽宁大学博士学位论文,2014.

[220] 翁君奕.商务模式创新[M].北京:经济管理出版社,2004.

[221] 吴晨,梅姝娥.电子商务模式的多维分类体系研究[J].华东经济管理,2055,19(9):80-84.

[222] 吴凤丽.股权性质,行业特征与上市公司并购绩效[J].西南财经大学硕士学位论文,2013.

[223] 吴淑琨.股权结构与公司绩效的U型关系研究——1997-2000年上市公司的证实研究[J].中国工业经济,2002(1):80-87.

[224] 吴文锋,吴冲锋,芮萌.中国上市公司高管的政府背景与税收优惠[J].管理世界,2009(3):134-142.

[225] 夏勤伟.创业导向对新创企业绩效的影响研究[D].浙江财经大学硕士学位论文,2013.

[226] 项国鹏,周鹏杰.商业模式创新:国外文献综述及分析框架构建[J].商业研究,2011(4):84-89.

[227] 肖浩,夏新平.政府干预,政治关联与权益资本成本[J].管理学报,2010(6):921-929.

[228] 肖挺,刘华,叶芃.高管团队异质性与商业模式创新绩效关系的实证研究:以服务行业上市公司为例[J].中国软科学,2013(8):125-135.

[229] 熊靖.创业板上市公司股权结构与公司绩效关系实证研究[D].长沙理工大学博士学位论文,2011.

[230] 熊鹰.基于行业差异性的股权结构与公司绩效的实证分析[D].南京大学博士学位论文,2011.

[231] 徐思雅.服务创新能力对企业绩效的影响:商业模式新颖性设计的调节作用[D].浙江大学博士学位论文,2014.

[232] 许俊,冯凌云.创业环境影响因素研究现状及要素模型探讨[J].

商业时代, 2009 (22): 39-40.

[233] 严昊. 上市家族企业绩效及其代际传承 [D]. 复旦大学硕士学位论文, 2013.

[234] 阎婧, 刘志迎, 郑晓峰. 环境动态性调节作用下的变革型领导, 商业模式创新与企业绩效 [J]. 管理学报, 2016, 13 (8): 1208-1214.

[235] 杨林岩, 赵驰. 企业成长理论综述——基于成长动因的观点 [J]. 软科学, 2010, 24 (7): 106-110.

[236] 于勤勤, 王冬梅. 论企业绩效评价体系中财务指标的设计 [C]. 中国会计学会 2007 年学术年会论文集（上册）, 2007.

[237] 余来文. 创业型企业商业模式的构成要素研究 [J]. 当代财经, 2011 (12): 74-80.

[238] 原磊. 国外商业模式理论研究评介 [J]. 外国经济与管理, 2007, 29 (10): 17-25.

[239] 原磊. 商业模式体系重构 [J]. 中国工业经济, 2007 (6): 70-79.

[240] 原磊. 商业模式分类问题研究 [J]. 中国软科学, 2008 (5): 35-44.

[241] 臧晶. 企业绩效评价的理论基础 [J]. 工业技术经济, 2010, 29 (10): 37-40.

[242] 臧维, 孟博. 产业视角下商业模式分类方法研究 [J]. 商业时代, 2010 (11): 111-113.

[243] 曾涛. 企业商业模式研究 [D]. 西南财经大学博士学位论文, 2006.

[244] 翟淑萍, 张建宇, 杨洁, 曹晓静. 环境不确定性, 战略性新兴企业商业模式与创新投资绩效——基于高端装备制造行业的经验分析 [J]. 科技进步与对策, 2015, 32 (18): 68-74.

[245] 张乐乐, 张林. 企业商业模式研究综述 [J]. 管理现代化, 2012 (6): 76-78.

[246] 张楠楠. 基于价值链理论的商业模式与企业价值研究 [D]. 东北财经大学硕士学位论文, 2013.

[247] 张维迎, 周黎安, 顾全林. 高新技术企业的成长及其影响因素：

分位回归模型的一个应用[J].管理世界,2005(10):94-101.

[248] 张晓玲,赵毅,李东.商业模式基本构成要素间的匹配对企业绩效影响研究——以创业板及中小企业版企业为例[C].第六届中国管理学年会,2011.

[249] 张玉利,李乾文.公司创业活动与组织绩效——基于中国成长期私营企业的实证研究[J].科研管理,2005(z1):28-39.

[250] 张玉利,杨俊,戴燕丽.中国情境下的创业研究现状探析与未来研究建议[J].外国经济与管理,2012,34(1):1-9.

[251] 张峥.中国东北地区创业环境,公司创业导向与创业绩效关系研究[D].吉林大学博士学位论文,2011.

[252] 郑路航.独立董事的政治关联与公司绩效[J].当代经济管理,2010,32(11):20-25.

[253] 钟丽芳.IT投资对企业绩效的影响及行业比较研究[D].北京邮电大学硕士学位论文,2013.

[254] 周晨.基于价值链拆分的双重商业模式的战略选择[J].软科学,2010,24(4).

[255] 周鹏杰.商业模式对企业经营绩效的影响:顾客价值视角的分析及零售业上市公司实证[D].浙江工商大学硕士学位论文,2012.

[256] 朱建安.家族企业如何不同?为何不同?——基于家族企业特殊性及异质性的组织类型学分析[J].学术评论,2014(1):46-54.

后 记

在复杂的、动态的社会系统之中，探究企业生存发展之道有时容易陷入"盲人摸象""管中窥豹"的误区。然而，在特定时代背景、文化背景、地域环境下，系统的运行演化往往存在一定的内在规律，对企业的经营发展具有直接的影响作用。

2018年中美贸易战表明，美国对中国的快速发展已经不仅限于警觉，行动已经开始。对此，中国不得不分出精力和资源加以应对，韬光养晦的窗口期已过。2019年，中国经济潜在的三头灰犀牛——房地产、汇率、就业，每一个变化都将深刻影响中国经济的走向和中国企业的未来。身处这个时代，中国企业势必要肩负起科技创新驱动、助力核心突破的责任，对内迭代强化优势，对外适应顺势发展，保持奋斗、保持变化、保持成长。

本书是在笔者博士学位论文基础上修改而成。博士期间很幸运能够师从戴淑芬教授，戴老师在课程进修、研究项目、实地调研、学术会议、论文进展等方面不断耐心地给予我指引、鼓励和指正，使我扩展思维、提升认识。一个工科生走进商科的大门，能够在经济管理领域以不同的视角认知世界，这种体验是美好的、有趣的。老师学术严谨、要求严格、求真务实、坦诚待人的为学做事风格将影响我的一生，感谢老师的悉心培养！

同时要感谢张群、雷家骕、郗安民、章东辉、赵锋、王维才、杨武、胡枫、黄晓霞、胡波等老师，在我学习期间给予的指导、鼓励和建议，我能够顺利完成学业，离不开老师们的帮助。感谢郑耀弋、谷炜、杨兵、李岭、朱晓宁、张娜、鲍明铭、姜泽许、戚耀元等博士同学，学习路上有大家的支持和榜样力量，使我充满信心、成长受益。

感谢我的家人，特别是我的母亲、岳母、妻子，三位伟大的母亲。我在学习工作期间，事务繁多，陪伴甚少，她们承担了家庭的更多责任，家里家外，操持操劳，使我能够安心于外，学业顺利进展。

本书献给我两个可爱的女儿。她们的出生给我们的家庭带来了太多的美好和欢乐，也让我体会到作为一名父亲的幸福和辛苦。希望她们能够永远健康快乐，在这个伟大的时代努力成长，找到学习和生活的乐趣与意义。

博士的学习虽然结束，人生的学习仍将持续。商业模式、创新创业、机器人等领域正在飞速发展，影响深远，有待深入探索、挖掘价值，我要不断学习、不断前行！

符号清单

1. 商业模式类型代码

BM_1——实物设计开发者

BM_2——实物生产商

BM_3——实物销售商

BM_4——培训教育提供者

BM_5——服务商

BM_6——金融产品提供者

BM_7——金融产品销售商

BM_8——信息提供者

BM_9——信息销售商

BM_{10}——平台提供者

2. 情境因素代码

Z——政府补助

D——第一大股东持股比例

I——区域市场化指数

G——高校数量

W——网络普及率